これからの暮らし計画

今を満たして、明日に備える工夫

柳沢小実

大和書房

はじめに

家を建てて引っ越してから、二年近くが経ちました。はじめは様々な変化に慣れなくてとまどいましたが、今はすっかり落ち着いて、仕事だけでなく旅や習い事、勉強など、これまで以上に充実した日々を送っています。

家づくりを通じて、自分たちがどう暮らしていきたいかをとことん考えて、暮らしの基盤ができたおかげで、目の前のことに全力投球するだけでなく、しばし立ち止まって、今やこれからについて考える余裕も生まれました。

先が見えない時代に生きていますが、それでも明日はやってくるし、私たちの人生も続いていきます。それならば、より良いかたちで明日の自分へバトンを渡したい。そのためにも、暮らしを整えることは、次の一歩を踏み出すための活力になると信じています。

小さくてもいい。できることをひとつずつ。食材を切って入れるだけで栄養たっぷりのスープや煮物ができあがる加熱調理器「電鍋」との出合いや、今の年齢だからこそのファッションやメイクとのつき合い方、忙しい人のための時間管理法など、暮らしとココロがちょっと上向くアイデアを、5ステップでまとめました。


明日がさらに輝くために。

この本と一緒に、これからのあなたのことを考えてみませんか。

Contents

Part 1
今の暮らしを知る

暮らしを整えたいと思ったら、まず今の状況を見つめ直してみましょう。長所や強み、弱点や課題など、色々あると思いますが、まずはありのままの自分を肯定して受け入れて。そこから、進むべき道が見えてきます。

どんな時間の使い方をしているか

今、あなたはどんな生活をしていますか？

毎日の生活は、ルーティーンのようで、その時々で波があります。だから、忙しくなる前は必ず、どのくらい立て込むかを手帳や日記帳に書き出します。現在の状況を知れば、対策を立てることもできるし、改善点も見えてくるから。週、月、年単位で大まかに把握して、忙しくなっても、生活や体調が崩れないように気をつけています。

たとえば、私は毎年年末までの数か月と年度末が特に忙しいため、繁忙期は手帳を見ながら調整して友達との約束もセーブしています。

可視化したり、俯瞰で見るのはとても大切なこと。二週間分のスケジュールを見渡せるバーチカル手帳をメインに、日々の記録は主婦日記、年間スケジュールのテンプレートもダウンロードして活用しています。

そして、さらに今春からは一週間の時間割もつくって、朝と夜にやることをリストアップしました。外出の用事を極力まとめ、朝晩のすきま時間に趣味を楽しむなど、手帳類のおかげで時間の使い方はかなり工夫できています。

Point

主婦日記≫ 主婦日記は婦人之友社から出ているロングセラーの日記帳。主婦でなくても使いやすい構成で、献立や体重、家計簿も記録しています。毎月の予定や振り返っての感想も書けるのが良い。その他には、病院の受診や検査の記録はもちろん、未病と呼ばれる小さな体調不良など、ささいなことも書いています。

一週間の時間割

ムダにしている時間が多いなと気づいたため、一週間の時間割をつくって、朝晩にやりたいことを書きこみました。

A4サイズの年間スケジュール表に、繁忙期や出張などの予定を書き入れる。半年や一年の流れが見通せるから、心づもりができます。

俯瞰で見る

月にいくらで生活しているか

使う人、貯める人。バランスを重視する人。お金については、千差万別です。できれば自分らしくお金とかかわりたいし、お金に振り回されたくない。まわりのことも気になるけれど、それぞれのやり方で。まず、自分が毎月いくらで生活しているかを知れば、闇雲に不安にならずにすみます。

20代の頃は、お金の流れがわからなくてただただ怖かったです。そこから、できないながらも家計簿をつけはじめ、カードを使いすぎないようにしたら、貯金が増えるにつれて、少しずつ不安が小さくなっていきました。

ただし、貯金をしていても不安は消えず、将来のことももちろん心配です。その理由のひとつは、年金の見通しが立たないこと。しかも、フリーランスの私が加入している国民年金は、厚生年金よりもだいぶ支給額が少ないのです。

でも、過剰に心配して行動を狭めたりはせず、今は自分に投資する時期とみなして、学費、レジャー、交際費、本など、仕事のためになりそうな出費は必要経費として許容しています。適度に使いつつ、適度に貯める。メリハリをつけて、上手にお金とつき合っていきたいものです。

Point

通信費を削る≫ PCが主な仕事道具のため、携帯電話には重きを置いていません。数年前に夫と共に格安SIMへシフトしました。最初は不便があるのかな……と心配もしましたが、使い心地は全く変わらず、通信費だけで毎月5000円の節約になって大助かりです。これは旅貯金に回しています。

小さい財布

小さい財布はパンパンになりやすいため、レシートを整理する習慣がつきます。クレジットカードやポイントカードの枚数も最小限にして、お財布の中も常に整頓しています。

収支の内訳を把握する

家計簿は引き続き「マネーフォワード」で記録しています。携帯電話が最も身近な存在なため、携帯で入力するとつけ忘れにくい。各項目の割合も出るので、毎月集計表を見ながら、食費とレジャー費が多いなどと、反省会をしています。

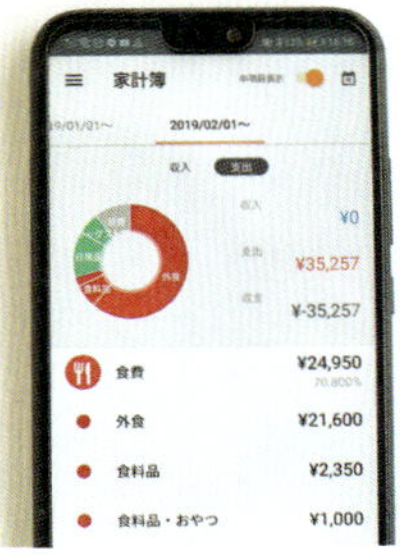

自分の弱点を知る

大人になると、大きく体調を崩せないし、長々と落ち込んでもいられません。仕事やそれ以外でもそれぞれに役割があるから、心身を健やかに保てるように気をつけるのはとても大事です。そのため、自分の弱点やつまずくポイントを見つけて、できるだけ手前で食いとめるように対策しています。

私は体調面では、しょっちゅう偏頭痛、喉から風邪をひいて長引く、体力がなくてふんばりがきかない、長く寝ないともたない（夜7時間＋昼寝1〜2時間）、という傾向があります。

そのほかにも、顔と名前が致命的に覚えられない、仕事ばかりになりすぎる、本の執筆時は友人への連絡が滞る、携帯での返事が遅くなりがちなど、すぐに思いつくだけでもどっさり出てきました。

ダメダメなところが沢山ありますが、それはもう、劇的には変われないので仕方ない。それよりは、なんとかつまずくポイントを回避してダメージを軽減させるなど、さらっとかわす技を身につけたいものです。

Point

備えあれば》　喉が弱い私の冬の必需品は、使い捨てマスクとプロポリスキャンディ、プロポリス入り喉スプレーです。疲れがたまると、身体の弱いところに症状が出がちなため、季節を問わず海外旅行や国内の出張へも持参しています。これまでに何度も助けてもらいました。

喉のケア

予防のためとはいえ、せっかくならば気持ちが上向くものを使いたい。喉スプレーやキャンディは、オーガニック系のショップやiHerbで探しています。

天職を見つけた人も、生活のために働いている人も、どちらも同じだけ素晴らしい。先のことを考えすぎると途方もないので、まずは、今を丁寧に積み重ねていきます。

今できていることは何か

きちんとした大人とは言い難いものの、自分にしてはよくやっているなと思います。仕事を15年続けてきて、部屋もまずまずキレイで、一日に一回くらいは大笑いしている。それ以上、何も望みません。

目標を高く持つのはもちろんいいことだけど、まずは等身大の自分を認めてもいいのではないでしょうか。あの頃夢見ていた大人像にはまだまだ遠いとしても、ここまで健康に生きてきただけでも十分です。だから、よくがんばっているね、とひとまず褒めてあげたいです。

そしてこの頃は、「私なんて……」と過剰に謙遜したり、照れ隠しに自虐的なことを言うのはやめて、褒め言葉は素直に受け入れるようにしています。先日会った素敵な方は、人からの褒め言葉に対して「ありがとう」と微笑み、自虐や過度なへりくだりはしませんでした。それがとても爽やかに感じられたため、人のいいところは真似することにしました。

褒め言葉を笑顔で受けとめるのも、大きな一歩。褒めて、褒められて、自分にもまわりにも優しくなりたいものです。

Point

自炊はエライ》　自炊をするって、そんなに簡単なことじゃない。献立を考えて、買い出しして料理をして、食べ終わった後には洗い物。一日三食外食という国もある中で、かなりがんばっていると思います。だから、完璧でなくていいし、できない時は手を抜くか外で食べる。無理せずゆるゆる、が私のやり方です。

省くものは省く

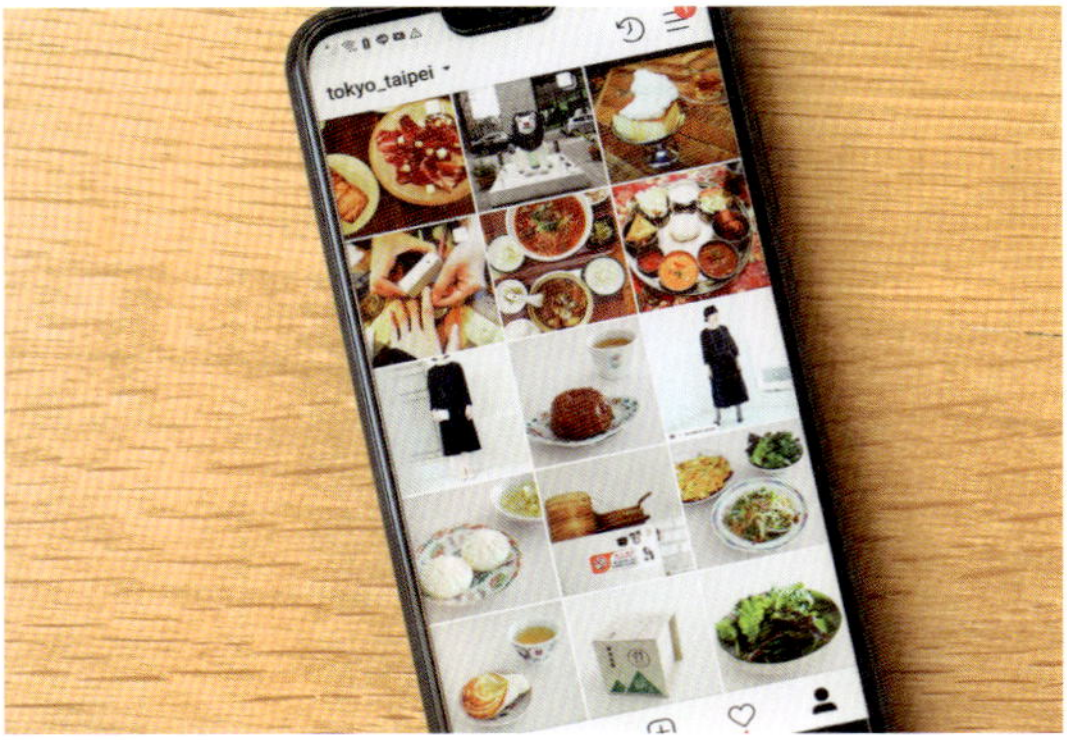

パーフェクトな人になろうとするのは、随分前にやめました。

今は、できないことやできないときはさっさと割り切っています。なぜなら、苦手なことを無理にやってもいい結果を出しにくいし、ストレスも大きいから。仕事などでは仕方ないとしても、普段の生活では、できることを伸ばすほうがよほど前向きです。

たとえばSNS。家での夕食写真は投稿しません。家族と一緒に食卓を囲んでいるときに美味しい瞬間を逃したくないのと、そもそも夜のごはん写真が上手く撮れないからです。その代わり、昼は明るい光で、うつわにも凝って一人でゆっくり撮れるため、たまに家での昼食写真を投稿しています。

そして、人からの見え方を気にしすぎるのもやめました。判断を他者に委ねていると、自分にとって何が正解かが見えなくなります。そろそろ、人の言うことや常識はわかった上で、それを物差しにせずに、自分がどうしたいかで判断しよう。もちろん、時には、迷うこともあるけれど、軸足をどこに置くかを決めたら、ブレずに判断できるようになりました。

Point

忙しいときのUber Eats》 最近、撮影をきっかけにUber Eatsという選択肢が増えました。土曜午前中は家事の時間で、しっかり掃除機をかけて、洗濯機も2～3回まわしています。そんなときに、Uber Eatsでランチを届けてもらったら、イベント性が感じられて、なかなか楽しかったです。

来客時もデリバリー

料理をたくさん作って人を招いたり、手料理を持ち寄るポットラックパーティーもいいけれど、どうしても負担が大きい。思いきってデリバリーを利用してみては。

できていないことを知る

「やらなきゃ」とか、「これができたらいいな」と思いながらできていないこと、いくつもあります。中には数年単位で先送りしている項目もある。すぐにやらないのは、そこまで必要に迫られていないからかも。そう思って、いくつかをリストから外しました。それで残ったのがこちら。今とこれからを考えて、どうにか克服したいものです。

- 運動習慣をつける
- 習慣づくりが苦手
- 一人を律する
- ペーパードライバー返上

毎年、手帳を使い始めるときに目標を書いていますが、これがまあ代わりばえしないのなんの。一年に一つずつでいいから消していきたいです。

ということで、今年は「習慣づくりが苦手」を克服中。習慣づくりは「いつ、どこで、どうやるか」がポイントなので、意志の力には頼りません。無事に半年が経過したため、次は一年を目指します。

Point

アプリを活用する≫ 自分の意志だけで習慣をつくるのは至難の業。だから、習慣づくりには、アプリが有効です。リマインド機能つきのアプリもあって、記録の付け忘れを防げます。また、ダイエットや勉強など、同じ目標を持った人たちと励まし合って続ける三日坊主防止アプリ「みんチャレ」も気になっています。

身体のメンテナンスをする

引き出物のカタログから選んだヨガマット。ストレッチポールも家にあって、道具だけは揃っています。やろうと力みすぎずに、ゴロゴロするときなどに使っています。

習慣づくりをする

習慣づくりはアプリなどの力を借りる。毎朝体重を計る、語学の勉強、お風呂でスキンケアという3つの習慣をつけたくて、習慣化のアプリを利用しています。

この人に聞きたい！

Vol. 1 藤沢あかりさん ／編集・ライター

何年もお付き合いのある藤沢さんは、お子さん2人を育てながら働く、頑張り屋のママ。自分に似合うファッションやメイクを知っている人です。主に美容について伺いました。

① 忙しい時の夕食づくり、どうしていますか？
朝食のしたくや片づけのときに少しでも準備をすると、帰宅後の慌ただしさが全然違うので、できるだけ実践しているところです。お味噌汁は、味噌を溶くだけの状態にしておく、炒め物の野菜を切っておく、肉に下味をつけておく、時間がなければ冷凍の肉を冷蔵に移しておくだけでも、という感じです。いつものお肉屋さんのからあげや食材宅配の冷凍餃子などに頼る日もたくさんありますが、具だくさんの汁物だけでもつけられたら、それで合格だと思っています。

② 必ず常備している食品類は何ですか？
たまご、牛乳、ツナ缶、冷凍うどん、切り干し大根やひじきなどの乾物類、にんじんや玉ねぎ。使用頻度の高いものはなるべく切らしません。毎食野菜を出したいので、スライサーで千切りしたにんじんの塩もみと、茹でブロッコリーは、冷蔵庫に常備しています。あとは、急に持ち寄りで飲み会！とか、誰かに会うことになったときにパッと持参できるよう、ナッツやチーズ、出先で見つけたおいしそうなお菓子やドリンク類などは、日持ちもするので多めに買ってあります。

③ 定番の朝ごはんメニューは何ですか？
納豆、自家製なめ茸、お味噌汁、卵焼き、ウインナー。このあたりをベースに、その日によって夕飯の残りや生野菜、くだものやヨーグルトなどが増えたり減ったりします。

④ メイクで気をつけていることはありますか？
チークを必ず塗るので、アイメイクやリップと合わせたときにトゥーマッチにならないように……というくらいです。年相応のメイク、そろそろ習いたいものです。

⑤ 最近のコスメでヒットアイテムは？
『ヴェリマ』のローズローション。

⑥ 現在の、服を選ぶ基準は何ですか？
体型にきちんと合っているか。自宅で洗える、シワになりにくいなど、お手入れの手軽さ。

⑦ 最近注目しているブランドはありますか？
スキンケアやコスメなら『OSAJI』『to/one』などはよくチェックしますが、あまりブランドにこだわりはなく、ドラッグストア系も大好きです。ファッションだと、薗部悦子さんのジュエリーをいつか手にしてみたいです。

⑧ 年齢とメイク、ファッションで意識していることはありますか？
たくさん飾り立てるよりは、清潔感を意識するようになりました。20代の頃より、メイクは確実に薄くなりました（笑）。

⑨ 最近始めたことはありますか？
ジェルネイルを数年ぶりに再開しました。もともと爪が弱いのでネイルがはがれやすく、きれいな状態をキープできず困っていました。また子どもがいると、しっかり乾かしたり、小まめに塗りなおすタイミングも難しく、はがれたネイルだと塗らないほうがよっぽどいいかも……というありさま。ジェルなら水家事でのはがれを気にせず、いつもきちんと塗られた状態を保てるので、気が楽になりました。今は、3週間に一度のペースでシンプルなワンカラーを塗ってもらい、プロにお手入れしてもらう時間もリフレッシュになっています。シーズン毎に出る新色のポリッシュもやっぱり好きで買ってしまうのですが、ジェルの上から塗って楽しんでいます。

⑩ どんな時間を大切にしていますか？
家族が揃う、毎日の朝ごはんの時間。ときどきではありますが、夫と二人でゆっくり会話する夜の時間です。

⑪ 今の年齢ならではの悩みはありますか？
ズバリ、基礎代謝の衰えによる体重増加です。そろそろ健康のためにも運動を始めないと…と思っています。40歳になり、親として、社会人として、ひとりの女性としても胸を張れるようにありたいですが、現実とのギャップを思うと悩ましく感じるこの頃です。

⑫ 仕事で大切にしていることは何ですか？
「まじめにコツコツ」の姿勢で取り組むことです。あとは、常にひとりで画面と向き合い続け、やりとりもメールが主流ですが、その先にいる「人」と関わりながらお仕事していることを忘れずに、感謝と誠意を込めていたいと思っています。

⑬ これからの夢を教えてください。
メディアの形が変わりつつあっても、「文章を人に届ける」ことはなくならないのかなと思います。文章を書くことを、この先も続けていけたら嬉しいです。年齢を重ねつつある今だからこそ、柔軟に、軽いフットワークでもっともっと好奇心の幅を広げていきたいです。

Part 2

日々に満足感を

自分が理想とする姿に気づいても、誰にでも助走期間は必要です。だから、変わりたいという気持ちを持ちながら、暮らしと気持ちを整えます。「私にもできた」という喜びを重ねて、次の一歩を踏み出す勇気にしましょう。

非日常は自分でつくる

これまで、プロジェクターはたまに旅の写真を見るのに使うくらいでした。

昨夏、フジロックのYouTube中継を壁に投影して見た際にキャンプ用のテーブルを引っ張り出してきたら、まるで屋外にいるかのような高揚感。これぞ非日常！　と感激しました。部屋の電気を消しただけで、他は何も変わっていないのに、なんとも不思議。友達を招いて、ドラマの最終回や映画の鑑賞会などもやってみたいです。

またあるときは、「映画にはポップコーンだよね」と、スーパーで売っているアレを家で作ってみました。火であぶったら、みるみるうちに膨らんで、ポンポンはじけて大興奮。たった100円で、かなり盛り上がりました。

友達は、冷凍のポテトを家で揚げるのにハマっていて、お店を真似してサワークリームとスイートチリソースをかけたりしているそう。「好きなだけ揚げたてを食べられて、ビールもすすむ」。その組み合わせは禁断の味で止まらないから、揚げ物好きの私は家でやるのを必死で我慢しているくらいです。

家でも十分、非日常をつくり出すことができますよ。

Point

行ったことのない駅で降りる≫初めての場所で駅から目的地まで歩く際は、行きと帰りで、違う道を通っています。または、生活圏内や通勤途中など、行ったことのない駅で降りてみるのはどうでしょう。発見も楽しみも、案外身近なところにころがっている。それを見つけるかどうかは自分次第だと思っています。

家でポップコーン

存在は知っていましたが、試したことはなかったポップコーン。短時間で、道具は不要。失敗知らずで、後片づけの手間もかからない。盛り上がるのでおススメです。

もので時間の質を上げる

パタゴニアのトートリュック

まず本体の軽さに驚きます。ショルダーストラップの幅が広く、肩に食い込まない設計。パソコンや資料を持ち歩く日は必ずこれです。

ナイキのエアリフト

軽やかなエアリフトは、日常と旅の心強い相棒です。一足目は黒、二足目はゴールドを購入。リピーターが多いのも履けば納得します。

身軽な人に憧れる。背筋を伸ばして、足取り軽く、どこへでも行ける人に。

以前、街で見かけて記憶に残っている人がいます。50〜60代の女性で、こざっぱりとしたショートカットにステンカラーコート。パタゴニアのリュックを背負って、足元はスニーカーでした。

軽やかで、潔くて、そこだけパリのような格好良さ。ブランド物をまとうマダムも素敵ですが、こういう人にも憧れます。

このごろ、少しずつ体力が落ちているのを自覚していて、こういったアイテムを取り入れながら、できるだけフットワーク軽くいきたいものです。身体に負担がかかると好奇心が鈍ってしまうから、動きやすさのための出費は惜しまない。手となり足となるバッグや靴は、特に機能性を重視しています。

パタゴニアの軽いトートリュックは、荷物が多少重くてもどんとこい。長めの持ち手が

ブラウンのトラベルウォッチ

洗面所の時計は旅にも使えると、自分に言い訳をしながら導入。これが大正解でした。すでに部屋に2つ掛け時計がありましたが、いつも必要だと感じるものは躊躇しなくていいのだと勉強になりました。

ついていて、電車内などでは肩掛けもできて便利。本や資料が多い日は、必ずこれを使っています。ちなみに、スポーティーな素材は明るいカラーに惹かれつつも、自分の服装に合うシックな黒を選んでいます。

　そして靴は高性能なソールのスニーカーをもっぱら愛用しています。ナイキのエアリフトは、旅用に購入して、一年間ほぼ毎日履いていました。羽が生えたように軽く、足にフィット。これが現代のシンデレラシューズかと思うほど、私の足にはぴったりでした。

　ファッションブランドとのコラボスニーカーなど、大人っぽく履けるものも数多く出ていて、選ぶ楽しみが増えました。

Point

小さなロスこそ解消する≫ 洗面所での身支度の最中に時間が気になって、何度も確認しに行っていました。そこで洗面所に時計を置いたら大正解。朝は一分一秒が大事だから、小さなロスもなくします。

相棒になる調理道具を見つける

電鍋で、人生が変わりました。

30代の頃は、「寝る時間を削る」という力業を駆使してなんとかやっていましたが、今は同じようにはできません。だから、平日は手間と時間をかけずに料理したい。「丁寧な暮らし」をある程度やり切ったからこそ、今は合理性や効率、上手に手を抜くことを研究しています。

電鍋は台湾ではおなじみの調理家電。材料を切って入れてスイッチを押したら、あとはおまかせです。定番メニューは、スープや煮物、シチュー、カレー、ポトフ、おでん。夕方にお茶を淹れて一休みがてら、食材を切って、スイッチオン。一品できているという安心感はとてつもなく、あとは15分くらいで魚を焼き、お味噌汁をつくるだけです。

何といっても、調理中に他の家事や用事をすませられるのがいい。調理時間の短縮で、負担も義務感も減り、さらに料理を楽しむ余裕もできました。道具ひとつで、悩みが解決するのですね。おかげで、家事効率の大幅な向上につながりました。今、三種の神器を選ぶならば、断然これです。

Point

炊飯事情の未来予想図≫ 現在、ごはんは鉄鍋で炊いています。わが家のコンロは掃除が少し面倒で、それもあって炊飯の頻度が減りつつあります。だから、数年後には炊飯器を導入することになるかも。炊飯器や電子レンジを処分する人もいれば、新たに買う人もいる。何を持つか持たないかは、その都度変わっていきますよね。

煮物がすぐできる電鍋

おまかせで煮物やスープが作れる調理家電。油を使わずにすむのも嬉しい。予約調理したい人は、ホットクックがおススメです。

2種を使い分けるピーラー

貝印のピーラー、細いものはキャロットラペやジャガイモの細切り炒めに、太いものは千切り大根のお味噌汁に使っています。

シリコンの菜箸とサーバー

なかなか優秀な、ニトリの菜箸と無印良品のサーバー。高温調理にも使えるシリコン素材のツールは、シックな黒で揃えています。

習い事を「続けて」みる

思えば30歳頃から、ずっと習い事をしています。

これまで10年ほど、週に一回は習い事を入れていましたが、平日昼間や遠方のお教室だとほぼ一日つぶれるのが悩みどころでした。かといって、平日夜は身体がキツい。そのため、ここ二年は習い事をかなり減らしていました。それが、旅行をきっかけにベトナム料理に興味を持って、また月に一度通うことに。簡単な料理ばかり作っていて腕が落ちていたから、リハビリにもちょうどいい。平日夜や週末などにもクラスがあるものなら多忙な人も通いやすく、その都度申し込めると、先の予定が見えなくても安心です。

レッスンで会う人は、家で積極的に復習して自分のものにする人もいれば、参加すること自体を楽しんでいる人もいます。身につけたり成長するのは素晴らしいですし、ただ素直に「楽しい」だけでもいいですよね。

新しい習い事を始めるときは気軽にするっと飛び込み、熱意が持続するものだけ続けています。長く続いているものも、はじまりはどれも衝動的でした。先のことを考えすぎると、何も始められません。まずやってみて、後のことはそれから考えればいいと思っています。

Point

予算と回数は範囲内で》　あらかじめ、月の習い事費と回数の上限を決めてあります。今は語学に時間と予算を割いているため、料理と中国茶は月に一回ずつ。しばらくこのペースで続けていきます。中国茶には中国の国家資格もありますが、教室やお店をするつもりがないため、取得は考えていません。何事も自分に合ったやり方で。

中国茶を習っています

数年前からのんびり習っている中国茶。お茶を淹れるときに、他のことを考えず、ほんのひとときを集中するのが気持ちいい。家で飲むお茶が美味しくなれば御の字です。

自分にぴったりのやり方を見つける

Step

1 ホットタオル

2 導入美容液

3 シートマスク

どんなに志が高くて、良いとわかっていることでも、生活サイクルにうまく組み込めないと続かない。ホットタオルがそうでした。

カラーリストさんから、「会話する機会が少ない人は、顔の筋肉を動かさないため、顔の血行が悪い。ホットタオル三回で顔を温めてからスキンケアすると、より浸透するし、シミそばかすも薄くなっていく」と言われました。でも、教えていただいた「電子レンジで三回ホットタオルを作る」という方法は、ものぐさな私にはあまりに面倒で、すぐに挫折しました。

でも、ずっと気になっていて、あるときお風呂でやったらどうかと、タオルやシートマスクなどをあれこれ持ち込んで試してみたのです。メイクを落として、湯船につかり、ホットタオルを三回。そのままそこで導入美容液を塗って、シートマスクをのせる。入浴中だと一連の流れがスムーズで、苦にならずにできました。それから数か月、今のところ順調に続いています。

だから、一度や二度できなくても、「また続かなかったか……」と、自分にがっかりしないで。そのうち、違う形で再挑戦すればいいのですから。

Point

毎日がスペシャルケア》 ホットタオル後のケアには、ルルルンプレシャス・グリーンという、エイジングケア用のシートマスクを愛用しています。ドラッグストアで手軽に購入できて、お値段は定価で一枚52円。手に入れやすくて惜しみなく使える価格だから、毎日のケアに使えます。

1000円台の楽しみを持つ

「自分へのご褒美」という言葉に弱いです。

ブランドものではなく、身の丈に合ったカジュアルなご褒美があると幸せ。私のとっておきは、パン屋さんで大人買いすることと、美味しいバターです。

わが家は二日で一斤のペースで食パンを消費していて、スーパーで買っても月に3000円で、いいパン屋さんだと月に5000円近くなる。だから、好きなだけパンを選ぶのは、とびきりの贅沢です。

ゆっくり起きて、パンを焼きながら目玉焼きとサラダを用意する。ちょっといいお皿を出して、カトラリーもちゃんとセッティング。パンがあると、起きるのが楽しみになります。

そして、その傍らには美味しいバターもあってほしい。スーパーのバターは、値段はそのままでも段々小さくなっているため（執筆時は150gで370円）、私は製菓用品店で業務用のよつ葉バターやカルピスバター（450gで961円〜1112円）を買っています。大きいバターを切る手間はかかりますが、朝のバターの美味しさのためにはお安い御用です。

Point

格式の高いレストランのランチ≫ いい大人だというのに、場数を踏んでいないのと、お酒が飲めないこともあって、夜の高級レストランはいまだに気後れする。そんな格式の高いお店でも、ランチならば入りやすく、しかも味やサービスは変わりません。ホテルのレストランや懐石、お寿司、天ぷら、イタリアンの店によく行っています。

大好きなパンを好きなだけ

普段は食パンばかりなので、それ以外のパンを選ぶと、休日だなと満たされます。朝から営業しているパン屋さんでブランチをするのもいいですね。

サプリをすぐ取れる場所に

毎日飲んでいるサプリをお引越し。わざわざ取りにいくアクションをなくすと、億劫さが減り、習慣にしやすくなります。クッキーの空き箱にまとめて取り出しやすく。

収納を使いながら見直す

以前はキッチン背面の引き出しに収納していました。ダイニングテーブルからの距離が少し遠かったです。

毎日飲むサプリ類の、置き場所を変えました。こういうものをダイニングテーブルの上に置きっぱなしにしていると散らかって見えるため、キッチン背面の引き出しに入れていましたが、毎日のことなので、わざわざ取りにいくのが面倒でした。そこで、ダイニングテーブル側に置いたら、ぐんと取りやすくなって飲み忘れも減りました。

サプリを飲まなきゃと思い出すのは、たいていがごはんを食べているときなので、思い立ったらすぐ手に取れるように、ダイニングテーブルのそばに置くことにしたのです。

物の置き場所は、自分が決められること。一旦そこに置いたからといって、正解とは限りませんし、その正解さえも変わります。だから、ずっと同じ場所に置き続ける必要はありません。私は、自分の行動パターンや動線に合わせて、その都度置き場所を決めています。

出し入れしにくい、面倒だな、と思ったら改善のタイミング。「本当にここがベストの置き場所？　入れ方？」と、使いながらじっくり検証しています。

Point

メイクツールもお引越し》メイクツールの収納も替えました。これまではスキンケア用品もメイク用品もまとめてカゴ収納していましたが、メイク用品が増えたので、それらを取り分けて、小さいものも出し入れしやすい浅めのツールボックスに入れ替えたのです。71ページに写真が載っていますので、ご覧になってくださいね。

気分が変わるきれいめアイテム

着用頻度最多のmonshiroのピアス。ビーズを使っているため軽やかで、耳が痛くなったりもしません。

洋服は少数厳選で数年サイクルで入れ替えていますが、アクセサリーなどの小物類は30年つき合っているものもある。長く使えるから、ますます小物好きに拍車がかかっています。

ピアスは人の視界に入りやすく、つけるだけで印象が大きく変わるアイテムです。顔が明るく見える色や、揺れる形、ボリュームがあるものを多く持っていて、もちろんつけたときの軽さもポイントになっています。

歩きやすさを第一に選んでいるシューズは、すっきりした白が大人っぽい、アディダス・スタンスミスのベルクロ（マジックテープで開閉するタイプ）を愛用しています。ベルクロは紐に比べて汚れにくく、清潔感を気にする大人世代には良いのではと思っています。

そして、シルバーやゴールドの小物も、洗練度を上げてくれるアイテムです。基本色のコーディネートに、キラッとした小物を入れると、ぐっと華やかになります。小さめサイズのショルダーや、季節もののカゴバッグなど、取り入れやすいアイテムから挑戦してみてはいかがでしょう。

Point

きれいめジャケットを一つ持つ》 普段はカジュアルな服装ですが、そんな私でも時々きちんとした装いを求められることがあります。そのようなシーンでは、ヒップが隠れる着丈の辛口ロングジャケットを一枚。皺になりにくい素材の黒や紺、春夏は麻もさわやかです。ZARAで見つけることが多いですね。

顔が華やぐピアス

人の目にとまりやすく、ひとつで印象を変えてくれるピアス。揺れるものや大ぶりタイプを愛用しています。左はCUCU、右はsoi。

大人っぽい白スニーカー

真っ白なスタンスミスは、ベルクロタイプをチョイス。白いスニーカーは消耗品ですから、極端に高いものは買いません。

シルバーのショルダー

小ぶりのショルダーは、トートバッグなどと2個持ちしても。ディナーのときはJ&M Davidsonのショルダーでおめかししています。

ときめきを補給する

ドラマはアプリで視聴

ドラマは夜の空き時間や移動中にささっと見ます。ついダラダラつけっぱなしもなくて良い。

ラブストーリーでときめきを補給。

これまで、ドラマは1クールに1本見るか見ないかという程度でしたが、このごろは実力派の俳優さんが活躍していて、脚本も良く、ドラマが楽しみで仕方ない。今期は5本も見ていて、自分でも驚き。テレビドラマはもっぱら「TVer」というアプリで視聴しています。

そのほかに、「Netflix」では、上質な料理ドキュメンタリーの数々や、ゲイの5人組が悩める人を魅力的に変身させる「クィア・アイ」を、アマゾンプライムでは恋愛映画やドラマを見ています。

旧作も配信されているため、何年経っても大好きな、深津絵里さんが主演のドラマ「恋ノチカラ」を心待ちにしています。

Point

動物たちにときめく》 違うときめきですが、動物たちにも癒されています。インスタグラムでアルパカ、シベリアンハスキー、ハリネズミなどのハッシュタグをフォローして、にやりとしています。

アプリで日々に新鮮さを

知りたい曲をすぐ検索

ふと耳に入ってくる曲名を知りたいときは、すぐにアプリで調べています。

音楽は元気のもとであり、心をほぐしてくれるもの。毎月ライブにも行っていて、音楽のない生活は考えられません。

何十年も聞きつづけているアーティストもいますし、新しい出合いにも積極的です。ラジオで流れている曲や、ライブの合間にDJがかけている曲、旅先のカフェで聞いた曲など、気になったらすぐに音楽認識アプリ「Shazam」で曲名とアーティスト名を調べて、「Spotify」アプリでクリップしておく、という流れができています。

「Spotify」は公式の音源を聞くこともできますし、好きな曲が入ったプレイリストで、新しい音楽を知ることもできる。世界が広がるってこういうことだなと感じています。

Point

スピーカーは一部屋に一台》 Bluetoothでスピーカーに飛ばして、いい音で音楽を楽しむ。現在、LDKと仕事部屋、お風呂と、各部屋にスピーカーを置いています。

ながら家事でスムーズに

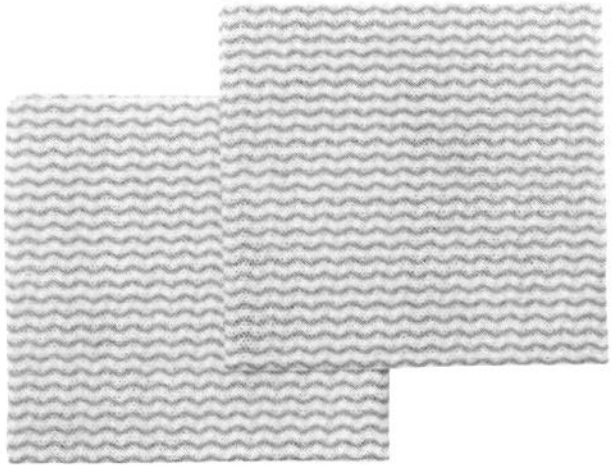

カウンタークロスは厚手の不織布。一日使って床も拭いてゴミ箱へ。アスクルで購入して、半分に切って使用。

家事をしようと身構えると、おっくうに感じるから、ついでにすませる。部屋がキレイな人を見ていると、特別なことはしていなくて、何かのついでに水ハネを拭いていたり、出ているものをすぐしまったりしています。ついでだと思えば、ハードルも上がらない。私のように腰の重いタイプの人にちょうどいい方法です。

ながら家事のタイミングは、電子レンジで加熱中の1〜3分や、パンを焼いている3分、お風呂のお湯を溜めている間の10分ほどが、長すぎなくていい。短い時間で区切ったほうが、気軽にできる。タイムトライアルと思って、時間内にできるところまでやっています。

電子レンジでチンしている間には、洗い物をします。大きいものからやっていくと、量が明らかに減って結果が感じられる。そして、お風呂を溜めている間には、明日の朝用のスープを作ります。野菜を切って電鍋をスイッチオン。寝るまでにはできあがります。植物の水やり後には、ブラインドの掃除。すぐできるように、道具は出してあります。

Point

カウンタークロスで、漂白要らず≫ 漂白待ちのキッチンクロスを溜めがちでした。下着などと一緒に洗濯機で洗うのは抵抗があるし、かといって一枚ずつ洗うのは面倒で、ついつい後回しにしていました。そこで、カウンタークロスを導入。一日クロスを洗いながら使い、最後に床を拭いてゴミ箱へ。苦手な家事が減って、助かっています。

洗い物

レンジでチン》している間に

ほんの数分間でできる範囲で、洗い物をぱぱっと片づけています。少しでも手をつけておけば、残りをやる際ハードルが下がります。

電鍋開始

《お風呂にお湯をはり始めたら

ここで電鍋スープを仕込みます。なぜこのタイミングかというと、できあがった後に粗熱を取って冷蔵庫へ入れるからです。

ブラインド掃除

窓辺にいるので、ついでにブラインドの掃除をします。すぐに掃除に取り掛かれるように、ブラインド用ブラシは常に出しっぱなし。

植物の水やり》しながら

ノンカフェインでおいしいもの

もしかして、身体に合わないのかも？　というものってありますよね。私はコーヒーもお酒も飲めない体質ですが、この頃は牛乳も合わなくなってきたみたい。ロイヤルミルクティーをがぶ飲みしていた頃が懐かしい。味覚と同じように、体質も変わるのかもしれません。

カフェインの入ったお茶類も、ときどき胃が痛んだり、寝つきにくくなったりします。あるとき、料理の先生に、「お肌のかさつきや脳貧血は、水分不足が原因かもしれませんね」と言われました。カフェインは利尿作用があるため、お湯やお水、カフェインレスの飲みものを飲むのがいいそうです。

「飲めなくなった、食べられなくなった」と後ろ向きに考えずに、新規開拓に励むことにします。

それもあって、今はカフェインレスの飲み物に凝っています。ルイボスティーをはじめ、ほのかに甘みがあるベトナムのアーティチョーク茶や、ミネラルが豊富な麦茶など。麦茶は鍋で煮出して、温かいまま飲むと、じんわりお腹の中から温まって、気持ちも落ち着きます。

Point

水出し茶がいいみたい》 茶葉専門店で聞いた話ですが、カフェインは80℃以上で抽出されやすく、水に溶けにくい性質がある。そのため、カフェインが得意でない人には、水出し茶がおすすめだそう。お茶の種類によっては、少量の水で濃く抽出して、それをお湯で割るのもあり。夜飲むお茶を、水出し茶に替えてもいいですね。

カフェインレスドリンク

自分が普段、いかにカフェインを大量に摂取しているかを知って、驚いています。温かい麦茶は食事にもおやつにも合うため、様々なメーカーのものを試しています。

手づくりおやつで小さな満足感

子供の頃から、おやつ作りに興味を持っていました。子供向けのベターホームのお菓子の本を読んで、初めて挑戦したのはくずきり。正解がわからずに作ったため、大失敗したのもいい思い出です。

少ない材料を使いきれて、20分以内で作業を終えられ、洗いものが少ないと理想的。ものぐさな私がいちばんよく作るのは、メロン味のゼリーで、ゼリエースにみかん缶を足しています。ゼリーや寒天は、混ぜて固めるだけで、とにかく簡単なのがいい。また、福光屋のパウチの甘酒をそのまま冷凍庫に入れてシャーベット状に凍らせて、フルーツを添えて食べたりもします。

ホットケーキミックスとパンケーキミックスももちろん常備していますよ。定番メニューは蒸しパンで、ホテルニューオータニのホットケーキミックス150g、牛乳100cc、卵1個、砂糖大さじ2、菜種油大さじ1を混ぜて、カップに入れて蒸すだけ。小腹がすいたときにぱぱっと作っています。蒸し立てはすごく美味しくて、いつもすぐに食べきってしまう。手づくりのおやつは、安心して食べられるのがいいところです。

Point

体重が気になるときは≫ 体重が気になるときや夜遅いときは、迷わずヨーグルト。100gあたり62kcalほどカロリーがありますが、お菓子を食べるよりはずっといい。グラノーラやケロッグのオールブランフレークをトッピングすると、なかなか満足感のあるデザートになります。バナナやリンゴを足したりも。

みかんの缶詰入り
メロンゼリー

子供のころからこのゼリーやかき氷など、にせもののメロン味が好きでした。自然派とは対極ですが、そうしょっちゅう食べるものでないので、いいことにしています。

ホットケーキミックスですぐに蒸しパン

たまに、猛烈に手づくりのおやつが食べたくなります。そんなときは、ホットケーキミックスで蒸しパン。レシピはクックパッドなどで調べています。

車の旅を自分らしく

自立する大きめトートは、後部座席に置いてあっても、物の出し入れがしやすい。L.L.Beanのトートを愛用。

ドライブ旅行は、ちょくちょくします。そして、頻繁に遠出もしています。普通の人よりも移動距離が長いとはよく言われていて、これまで東京から出雲大社まで行ったり、東北を一周したりもしました。

そのため、ドライブ旅行に便利な持ちものも揃っています。まず、後部座席には、自立する大きめのトートバッグを置いています。L.L.Beanのトートは口が広く、ポンポン放り込めて荷物の出し入れがしやすいのです。

そして、長時間ドライブの際には、車内でサンダルに履き替えています。ビルケンシュトックのサンダル「アリゾナ」は、靴下のままで履けるのと、着脱のしやすさが魅力です。

夫は運転中に飲むコーヒー用として、パタゴニアの水筒に、蓋を開閉しなくても飲める蓋を付けているようです。

サーモスの保冷バッグも必需品。保冷性能が格段に高く、これがあれば野菜や干物なども安心して持ち帰れます。また、お土産など増えた荷物をまとめて運ぶために、イケアの青いビニールバッグ（Lサイズ）も使っています。

Point

保冷バッグ≫ 高機能な保冷バッグを見つけるとつい買ってしまう。トート型が入れやすくて持ちやすいと感じます。飛行機や電車旅ではサーモスの6Lと、台湾の大型スーパー・カルフールで見つけたigloo を使っています。ちなみに、キャンプ用に、クーラーボックスや発泡スチロールの箱も持っています。

私は普段も使っているタイガーの200mℓ水筒を。夫はマイボトルに、蓋を開閉しなくてもそのまま飲めるキャップを付けています。

ちいさな水筒

長時間の移動は、運転していなくてもそれなりに疲れるため、サンダルに履き替えています。濡れてもいい素材でキャンプにも便利。

らくちんサンダル

食材用保冷バッグ

サーモスの高機能保冷バッグは、クーラーボックスだと大仰かなというときに活躍します。ストラップが調節可能で肩掛けもできます。

保冷できるおやつバッグ

運転中のおやつはクーラーバッグに。甘いもの、しょっぱいもの、歯ごたえのあるもの、酸っぱいものをバランスよく入れています。

花をもっと身近に楽しむ ～1、2種類の花の飾り方～

花は好きなものの、上手く生けられなくて、もどかしく思いながら、長さを整えて花瓶にばさっと入れるくらいでした。

ワンコインくらいの予算で、ちょっといいかんじにお花を生けるにはどうしたらいいのでしょう。1本から素敵に飾る提案をされているフラワースタイリスト、増田由希子さんに教えていただきました。

「花選びは、まず最初に目にとまった主役になる花を1本選んで、脇役に小花かグリーンを合わせます。主役と脇役は、形状の違うものがいい。この組み合わせによって、様々な雰囲気をつくれます。たとえば、ローズ単体だとエレガントで、小花を合わせるとナチュラルな雰囲気に変えられます。

旬の時期の花は野菜と同じで、ハウス栽培ではなく自然な環境の露地栽培です。だから花が大きくて、状態もよく、長持ちします。どれが旬の花か、お店で聞いてみてください。

Yukiko's Book

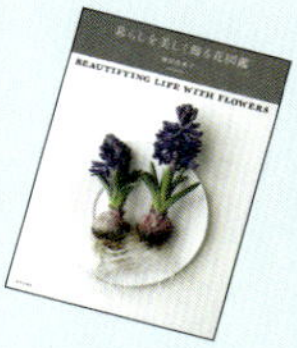

教えてくれた人
増田由希子さん

『f plus』（エフ・プラス）主宰。フリーランスのフラワースタイリストとして、雑誌等で「暮らしの花」を提案、花のレッスンを行うほか、オリジナルワイヤー花器、照明の製作など幅広く活動中。プライベートで飾る花の写真を、@nonihana_というアカウントでインスタグラムに投稿していて、世界中に25万人を超えるフォロワーがいる。著書に『暮らしを美しく飾る花図鑑』『花１本から素敵に飾る はじめてのフラワーレッスン』（家の光協会）などがある。

春は草原のイメージで、レースフラワーのようなふわっとした小花を足すとナチュラルにまとまります。

夏は、気温が高くて花が長持ちしないので、クレマチスなど、蔓性のグリーンをガラスのうつわにくるっと丸めて生けると涼しげです。また、枝ものも長持ちするので夏にいい。花器は、ガラスや磁器、漆器の他、陶器なら粉引や黒釉の花器も涼しげで素敵ですね。

秋は、紅葉している葉などをあしらうと、季節感が出ますよ。

冬は温かなイメージにしたいので、陶器のうつわを使って、白っぽいグリーンの葉を足します。また、実ものも秋冬通して活躍します。

年間を通じて使いやすいのは、菊です。菊と言っても仏花でよく使われるスプレータイプではなく、「マム」と呼ばれる大輪の菊です。おすすめの品種は、セイオペラ、アナスタシア、クラシックココアなどです」

まず花瓶をひとつ持つならば、一年中使いまわせるものを選びたい。高さ17〜20センチで陶器の白やガラス素材が使いやすいです。

「花瓶は、高さ17〜20センチ、口径9センチほどのサイズが使いやすいです。この大きさはどこに飾るにも高さがちょうどよく、お花一本から、本数が多くなっても飾れます。コップや食器なども使えますよ。

まず、お花を花瓶の1・5倍くらいの長さに切ります。その際、水を吸いあげやすいように、切り口を斜めにするのがポイント。キッチンばさみは硬い枝などを切るときにすべって危ないので、花ばさみがあるといいでしょう。

花器の半分以上まで水を入れます。葉が水に浸からないように、茎の下部についている葉は取りのぞいて、茎だけにします。

花瓶の内側中心で茎が交わるように、放射線状に生けていきます。そうするとお花が自然に広がって、本数が増えても安定しますよ。

生けた後は、雑菌の繁殖を防ぐために毎日お水を替えて、花瓶の内側と茎も洗いましょう。購入時についてくる薬剤も、雑菌防止に効果的です。そして、水替えの際に、茎の下部を斜めに切ります。これを『切り戻し』といいます。切り戻しは茎の鮮度を保ち、お花が長持ちします」

増田先生に教わって早速家で実践したら、別人が生けたのではというくらい、素敵にできました。手取り足取りみっちり習ったわけではなくて、ここにあるポイントを忠実に守っただけです。家族も驚くほどの激変ぶりで、お花がある暮らしを、さらに前向きに楽しめそうです。今後は1種類ではなく、数種類のお花のコーディネートも楽しみたいと思います。

飾り方1

ガーベラを飾る

用意するもの

ガーベラ…ここでは1本
花器(ここではマグカップを使用)

コップに半分以上水を入れて、コップの1.5倍ほどの長さに切ったガーベラをさします。水の中に葉が浸かってしまう場合は、葉を取り除きます。

Point

花の茎の長さは、花器に対して1.5倍くらいを目安にするとバランスがよくなる。

飾り方2

アリウム×レースフラワーを飾る

用意するもの

アリウム…ここでは3本
レースフラワー…ここでは3本
花器（ここではピッチャー型の花器を使用）

アリウムとレースフラワーは高低差を出して生けると自然な感じに仕上がります。小花を主役にするには、本数を増やしボリューム感を出して。

Point

水の吸い口となる茎の先端は花ばさみで処理を。まっすぐではなく、斜めに切るのがポイント。

飾り方3 ローズ×ライラックを飾る

Point
数本の花を一緒に飾るときは、写真のように茎が放射状になるように意識する。

用意するもの
ローズ…ここでは1本
ライラック…ここでは2本
花器（ここでは持ち手つきカゴを使用）

華やかなローズと可憐なライラックを合わせて籠に生けます。組み合わせ次第で、イメージは自在に変えられます。ナチュラルな雰囲気になりました。

Vol.2 緒方 友美さん ／ゲーム会社勤務

友達の友達だった緒方さんは、40代で運命の人と出会い結婚。大人婚だからこそ、互いを尊重して暮らしています。暮らし全般について教えていただきました。

この人に聞きたい！

① マイホームで重視したことは何ですか？

立地です。職場へのアクセスがいいこと。周辺の環境がいいこと。さみしくない場所。これからの人生に備え、駅から玄関までに坂と階段がないことも重視しました。

② リノベーション、リフォーム、DIYをする際にお薦めのツールやサービスはありますか？

ショールームをめぐることです。実際に目の前にしてみないと、サイズや質感というのはわからないものなのだなと、つくづく思いました。DIYについてはYouTubeが役に立ちました。段取りがわかったり、失敗談を聞けたり。簡単に思えていたこともいざやってみると、とんでもない苦労がありました。終わってみればすっかり笑い話。自分たちで手を動かしてみることを、ものすごくおすすめいたします。職人さんにお支払いする金額に納得ができます。ずいぶんとお値打ちでやっていただけたのだなと感謝しております。

③ 不安を感じたときにどんなことをしますか？

母を16歳で、父を40歳の時に亡くしました。わたしは一人っ子で、母を亡くしてからは父とずっと二人暮らしで、とても仲よくやっていました。父があっけなく逝った日から、初めての一人暮らしが始まりました。彼氏もいなく、電気のついていない家に帰ることや、生活音がまるでしない寂しさに押しつぶされました。そんな時に助けてくれたのは友達たち。ちょこちょこと泊まりに来てくれたり、何かと気にかけてくれた友達たちに、心の底から感謝しています。不安な時に頭に浮かぶのは、家族や友達の顔。もういっちょ頑張るぞ！と思わせてくれます。

④ 健康のためにやっていることはありますか？

40歳のあたりから体重がまったく減らなくなりました。現在も順調に右肩上がり。パーソナルトレーナーやヨガに通っても、その時しかやらないのでキログラムは現状維持のまま。唯一飽きずにできることは「歩き回ること」。古くて素敵なマンションや高そうなおうちがあるエリアを巡ると、目の保養にもなり、歩きがいもあって、とっても楽しいです。美味しそうなお店の新規開拓もできているので一石二鳥？五十歩百歩？？一進後退！？？？

⑤ 平日の過ごし方はどんなものですか？

主人が先に起きてラジオをつけてくれます。朝ごはんは各自自由にとるシステムなので、主人は美味しそうなハムチーズトーストを食べています。そんなところに起きていき、送り出し、身支度をし、掃除機をかけ、わたしも出発。日中は仕事をし、夕方あたりに主人と連絡をとり「どこかに食べに行く？」と気になるお店をまわっています。一人の時は、洗濯機をまわして、Netflixを見ながらだらだらと食事をしています。夜ごはんも各自自由な方針なので主人もどこかで食べてきたり、またまた美味しそうなごはんを作って食べています。

⑥ パートナーとの関係で大事にしていることは何ですか？

一緒に暮らしてわかったことは「思いやりが大切」ということでした。してもらって嬉しいことを相手にもする、嫌なことはしない。小学生の時に大好きな先生から習ったこと、そのものでした。自由奔放な私に、思うところはたくさんあると思います。野放しにしてくれている主人に敬意を払っています。

⑦ 年齢とメイク、ファッションで意識していることはありますか？

好きなものだけを着ています。流行は気にしない。けれど、年齢は気にするようになってきました。ひざが隠れるくらいのスカートでは気恥ずかしく、ふくらはぎまで丈がないと家から出ることができません。体型に合わせてオーダーで服を作ってもらうことも楽しんでいます。袖丈も着丈も（身幅も・・・）「うんうん、こういうの！」と納得ができて嬉しいです。中年のノーメイクは厳しいと思っているので、最低限は心がけるようにしています。

⑧ 今の年齢ならではの悩みはありますか？

子供をもてる適齢期を、45歳になって初めて実感しました。医療も進歩しているし、どうにかなるだろうと思っていました。これからの人生をどうやって進んでいくのか。早く決めなければいけないことに、とても焦っています。こんなことを30代、いや20代のうちに考えるきっかけがあればよかったな、と、思っております。

⑨ これからの夢を教えてください。

仲よく、楽しく、末永く、です。身の程を知り、このすごくいい時間をずっと続けていきたいです。

Part 3

自分メンテナンス

どんなにがんばっても、時には力が及ばなかったり、消えてなくなりたいと落ち込むこともある。心と身体がくじけたときの処方箋を持っているのが、大人のたしなみ。気晴らしのアイデアや支えてくれるアイテムは大事です。

落ち込みの処方箋を持つ

春に向かう暖かさと、冬の寒さが交互に訪れる3月頃、「普段は波がないのに、この時期はなぜか心がざわざわする。特に今年は」と言っていた人がいました。確かに、気持ちのゆらぎは体調やストレスはもちろん、季節の変わり目など、気候にも起因するといいますね。

私は大きな落ち込みはそうないですが、それでも年に一度くらい、数日ほどベッドに籠城したくなることがあります。そんなときは引きこもってとことん落ち込んで、少し落ち着いたあたりで、「まぁまぁ、ちょっとこれでも」と、気持ちが上向きになるものを差し入れています。

落ち込みの底にいるときは、どうやっても前向きになどなれません。だから、優しく包み込んでくれて、ただただ幸せをくれるものに助けを求めます。

ユーモアがちりばめられた物語または映像は、最強の癒しアイテム。「聖☆おにいさん」の5分ドラマは、松山ケンイチさんと染谷将太さんの珍妙なかけあいや、端々の小道具などもじわじわと笑いを誘い、見ているうちにココロが緩んで、「ま、いっか」と思えました。

また、懐かしさと甘酸っぱさが詰まった、ハッピーエンドの少女マンガやラブコメ、好きだったドラマの最終回も、かなり元気が出ますよ。

そして、落ち込んでいるときって、なぜだか猛烈にデトックスしたくなります。ダメな自分を脱ぎ捨てたい、脱皮したい、という願望でしょうか。そのため、このような機会を利用して、普段は後回しにしがちな角質ケアをしています。

少女マンガを一気読み

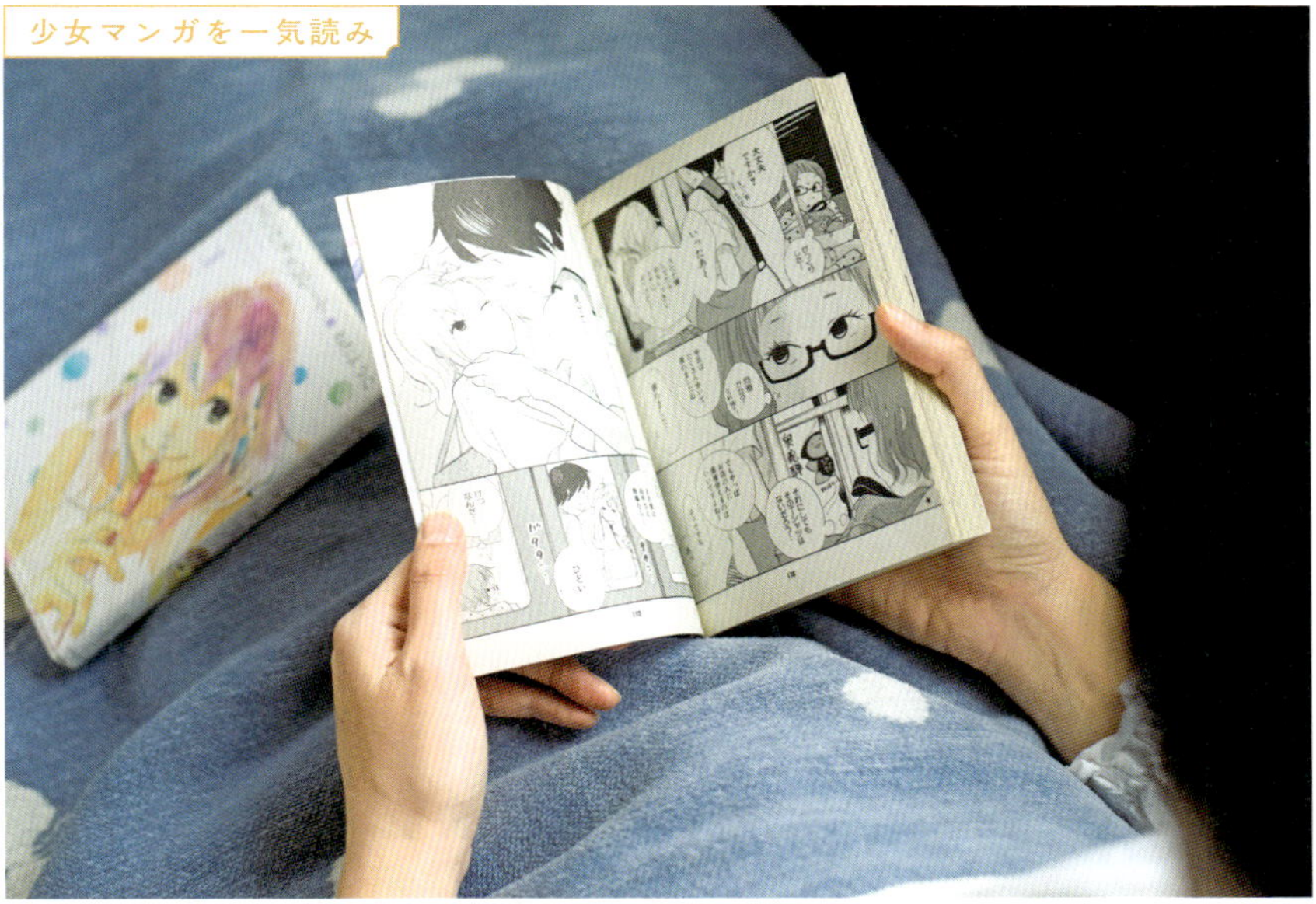

気持ちが折れたときは、しばらく何も考えなくていいことにして、ベッドやソファで好きなだけマンガを読みます。

思わず笑いがこぼれる、コメディ映画も好きなジャンル。たまにDVDを見返しては、ひとりでくすっと笑っています。

マイ・名作を見返す

チョコレートをひと口

ミルクチョコを食べたら、とたんにゆらぎもやわらぐ。いちばん好きなミルクチョコレート、ロッテ「ガーナ」がとびきりです。

落ち込むと、デトックス欲が高まります。そんなときは角質ケア。顔はすぐに、足も数週間後にツルツルになって、スッキリしまよ。

いらないものを落とす！

原田マハさんの小説は再生の物語。ページをめくる手がとまらず、最後にはすがすがしい涙が。

角質ケアは、すっきりするうえに、キレイになったと目で見て実感できる。「Baby Foot」は、数週間後にがさがさな足裏の皮がむけて、赤ちゃんのようにツルツルになるため、一皮むけた感が絶大です。

そして、顔の角質を取るオーガニックのゴマージュ、アルジタル「グリーンクレイペースト」も、塗って数分間待つだけでお肌がうるつやになるので、お守りのように持っています。

キレイになるのは、わかりやすく光がさす、復活への最短ルートです。スペシャルケア・アイテムを大人買いして、かたっぱしから試しまくるという人もいれば、ほどほど価格のフェイシャルエステやヘッドスパに駆け込むという人もいました。たしかに、顔や身体をていねいにケアすると、いつしか気持ちも安らいで傷口が閉じていくのを感じます。復活への道すじは、みんな似たようなものなのですね。

それでふんわり浮上したら外に出て、髪を切ったり、新しい口紅を探したり、高いところに上ったりしています。

Point

排水口や水まわりの掃除》 これまでにも書いていますが、もやもやするときは、私はせっせと見えないところの掃除をします。そういうときは生活も荒れがちで、排水口やフィルター、水まわりの掃除が行き届いていないことが多いから。掃除は、気持ちを整理できて、キレイも得られる。迷ったら、手近なところから整えていきましょう。

身体をケアする

むくみを改善するソックス

寝ている間に穿いていると、むくみの症状が改善。藤原美智子さんが開発したもので、シックな紺色が気に入っています。

あずき茶

とらやのあずき茶は無糖。ミネラルが豊富でむくみを取る効果もあるとか。ときどき集中的に飲んで、サイズダウンしています。

誰しも、暴飲暴食をしたり生活サイクルが狂うと、あれよあれよという間に、ペースが崩れてしまいます。そして、ひとたび崩れると、なかなか立て直せない。だから、アクティブに見える人ほど、案外無茶をせずにセーブしています。

私は、規則正しい生活をするために、起きる時間と寝る時間を固定しています。新しいベッドのマットレスが優秀で、眠りの質がぐんと向上しました。朝の光が入るようにしていると自然に目が覚めるから、このごろは遮光カーテンは閉めていません。

そして、朝起きて4時間後が最も脳の働きが活発になるそうなので、8時からお昼までを執筆にあてています。たしかに、この時間が一番集中できる。だから「重要な仕事は午前中」と決めました。

個人的には、座り仕事で下半身のむくみが気になります。着圧ソックスを昼も夜も穿い

いいマットレスに投資

マットレスを奮発し、ベッドフレームは無印良品にしました。眠りの質が上がって疲れも取れて、投資した甲斐がありました。

台湾の歯みがき粉

今、わが家の洗面所には、三つの歯みがき粉があります。そのうちのひとつが、無農薬ハーブが原料の、台湾・阿原（ユアン）のもの。

ていますし、ときどきあずき茶を飲んで、むくみ対策もしています。あずき茶を二週間ほど続けて飲むと、ボトムスのウエスト部分がゆるくなる。毎回効果を実感します。

また、歯のケアもこれからの大きな課題になりそうな予感がしています。旅先で歯ブラシや歯みがき粉を買ってきたりして、楽しく取り組んでいます。

あとは、ちょっと変だなと思ったらすぐに病院へ。30代までは病院が苦手でしたが、「検査を受けて悪いところが見つかったとしても、行かないで不安なよりはいい。治療すればいいのだから」と背中を押してもらって、40歳になってからは、小さな変化でも受診しています。

Point

まずは病院へ》 信頼している鍼灸院はありますが、基本的に代替医療の前に、必ず病院で検査しています。また、時には生命保険の電話健康サービスに相談することもあります。

チャージできる休日のすごし方

遠出しなくても、近場で旅気分を味わえる場所はある。料理を追っていくと、「ここは外国?」と見まごう、ディープな場所に行き着きます。スパイスが豊富な新大久保のイスラム横丁や、中国語の看板しかない西川口のネオ・チャイナタウン。週末に、旅のようなひとときを味わっています。

小田急江ノ島線の、高座渋谷駅から歩いて約18分。神奈川県最大の公営住宅「いちょう団地」には、世界11か国の人が住んでいます。

巨大な団地群の一角にはベトナムレストランと食材店が3軒あり、数年前からエスニック料理好きの間で、ローカルなレストランがあるらしいと、静かに話題になっていました。

さりげない佇まいが逆にディープな「タンハー」は、ベトナム食材とごはんの店。袋麺や調味料、お菓子、ノコギリコリアンダー、マンゴーなど、日本では手に入りにくい食材も取り扱っており、一気にテンションが上がります。

食事をしているお客さんは、週末ということもあってか、ベトナムの人と日本人が半々。メニューが分厚くて、どれだけめくっても料理が続きます。ベトナムの人が食べていたのはフォーで、私たちはブン・ティット・ヌング・チャー・ジョー、蓮の茎と海老のサラダ、さとうきびのジュースを注文しました。バインミーやチェーなどのデザート類も豊富。ベトナム料理は、ハーブがきいていて野菜が多いので、お腹いっぱい食べても軽くて消化が早い。キレイになれるごはんです。

食堂「タンハー」

食材店と食堂が合体した「タンハー」は、一見どんな店かわからない。ハードルが高く思えますが、勇気を出して入ってみます。

いちょう団地へ、いざ

神奈川県内最大規模の団地。どこからどこまでが敷地かわからないほど、とにかく広い。お店を目指しててくてく歩きましょう。

店内には、果物やハーブなどの生鮮食品や、袋麺や瓶詰、調味料、ローカルなおやつなどが所狭しと並んでいます。この中だけは、確実に日本じゃなくてベトナムです。

ベトナムごはん

注文したのはブン・ティット・ヌング・チャー・ジョーと、さとうきびのジュース。暑い暑いベトナムを思い出しながら食べました。

魚焼きグリルを活用する

魚焼きグリルでパンも焼けば、トースター要らず。焼き上がりにも満足していて、わが家は当分これでやっていくつもりです。

キッチンにトースターを置く場所がなくて、これまでパンは、オーブンレンジで焼いていました。

引越しを機に、魚焼きグリルで試しに焼いてみたら、外はさくさくで中はふっくらみずみずしい。目を離すとうっかり焦がしてしまうくらい、短時間で焼けます。

魚を焼くときはどうしているの？　と、よく聞かれますが、魚を焼く際はテフロン加工のトレイを使っています。トレイだけ洗えばいいから、お手入れが本当にラクです。

専用の道具はできれば持ちたくないけれど、あったほうがいいものもある。魚焼きグリルでは魚しか焼かないという人にもぜひ使っていただきたいです。

Point

朝食のサラダについて》 プチトマトは、買ってきたらすぐに洗ってボウルに入れておく。ルッコラや水菜は、食べる際にハサミで切ると、まな板やナイフを洗う手間が省けます。

おやつの時間を大切に

チョコミントアイスや揚げ団子、プリンなど。おやつは買ってくることもあれば、自分で作ったりもします。

お茶は、しばし手を休めて、もうひと頑張りするための区切りのひととき。お菓子に合わせてお茶とうつわを選んで、写真を一枚パシャッ。いつ、誰と、何を食べたか。まるで、おやつが日記みたいになっています。

同じものであっても、袋から直接つまんで食べるのと、うつわにキレイに盛りつけていただくのでは、満足感もありがたみも大きく異なります。だから、写真を撮ることだけが目的ではなくて、きちんと感謝していただくためでもあります。

おやつには、醤油皿～直径18センチのお皿がちょうどいい。そして、そのサイズは小皿や取り皿としても使えるので、ついつい増えてしまうのです。

Point

茶葉がどっさり》 和・洋・中、わが家には茶葉がどっさりあります。お茶とおやつの組み合わせを考えるのが何よりも好き。「ひとりカフェごっこ」と称して、楽しんでいます。

ものに愛着がわく手仕事

「世界にひとつだけ」って魔法の言葉。

目に留まったワッペンを長年集めておいて、シンプルな旅用のポーチ財布に縫いつけたら、旅先で「かわいいわね!」と褒められました。

今は商品が溢れていて、処分するサイクルも早い。だからこそものへの愛着を感じられるように、ひと手間をかけています。自分のものという印みたいで、いとおしさが増す。以前はワンポイントの刺繍をしていましたが、だんだん短時間でできることに変わっていき、今はワッペンが気分です。

ワッペンは雑貨屋や古着屋でも見つけることができます。アイロンでつけられますし、カラフルな刺繍糸で縫いつけるとさらにキュート。ほんの5分ほどの作業で、ちょっとした達成感が感じられます。

また、靴下やニット製品の穴も繕います。似た色で目立たないように直すのはもちろん、アクセントになる色糸を使ってもかわいくなる。暮らしの装飾家、ミスミノリコさんにニットのほつれを直していただいて以来、彼女の本『繕う暮らし』を読みながら、自分でも繕いものをしています。

Point

漆継ぎ≫ 簡易的な漆継ぎも引き続きやっています。本格的なやり方にこだわると、ハードルが高くて欠けた状態が続いてしまうから、簡易的でもすぐに直せる方法を選んでいます。以前からと同じくマニキュアタイプの漆を愛用していて、小さな欠けにこれをちょんちょんと塗っています。

かわいいワッペンをつける

無印良品のポーチに、ストックしていたワッペンを縫いつけて。このあと、ポテトのワッペンもタブレットPCのケースにつけました。

10年以上前にエストニア旅で見つけた手編みの靴下。大事に穿いていますが、ところどころ薄くなってきたので、色糸で補強します。

靴下を色糸でお直し

今の自分に合うメイク

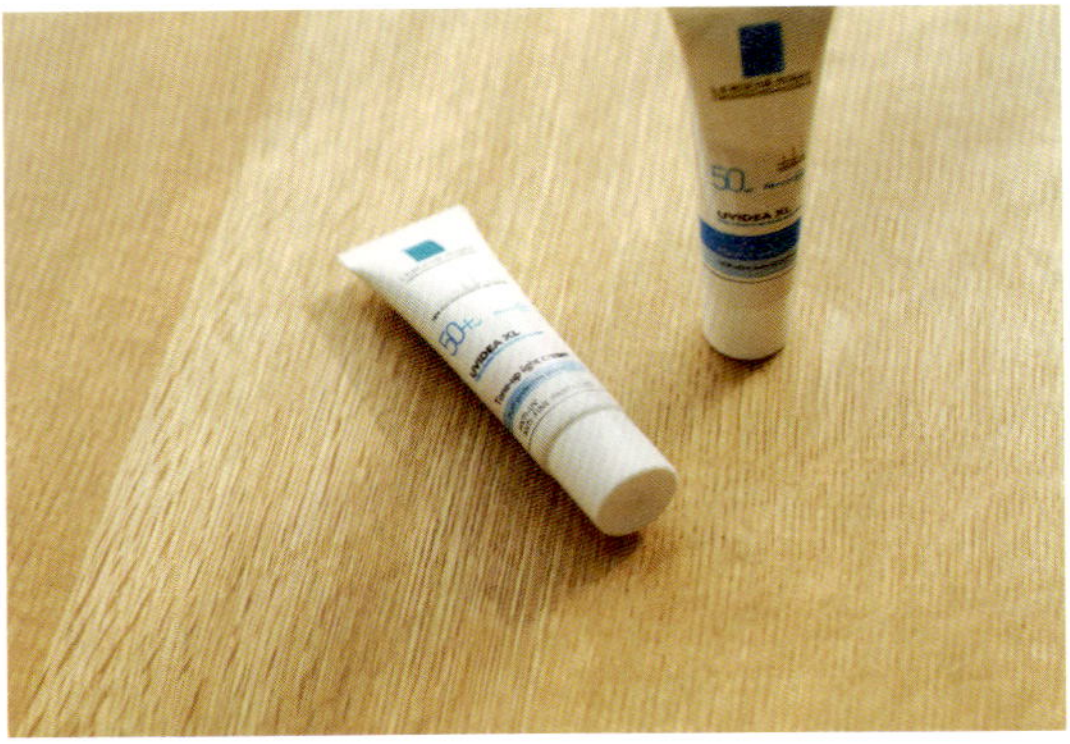

長いこと肌が薄くて乾燥するのが悩みでしたが、ここ数年はますますゆらぎに悩まされています。シミ、そばかす、シワ、アレルギーによるかゆみなど、肌トラブルの幕の内弁当とでもいうような現状です。

特にホルモンバランスの崩れからくる太田母斑（シミ）の症状がひどくて、鏡や写真を見るたびに落ち込むほどだったので、勇気を出して美容皮膚科でシミ取り治療をしました。かかりつけの先生を持てて安心しましたし、美容との付き合い方を考える、いい機会になりました。

粗を隠すために厚塗りするのではなく、できれば素肌を健やかに保って軽くいたい。古いものを顔に塗りたくないので、スキンケア用品もメイク用品もそのとき使うものだけで、たくさんは持っていません。流れが速くて、質感などにもトレンドがあるので、買い替えるときに新しく出たものを選べば、そう時代遅れの顔にはならないかなと考えています。

特に、ファンデーションは新しいものを試したい。今はトム フォードのクッションファンデと、アンプリチュードのリキッドを使っています。

Point

アイテムはハイ&ロー≫ マスカラやアイライナーなど、目元はプチプラ至上主義。逆に、アイシャドーは質感重視のため、シャネルやNARSなどで選びます。口元は、普段つけている口紅に、たまに透け感のあるプチプラの赤いリップを重ねたりも。ちょっとしたことで印象を変えられるので、赤いリップは必需品です。

目まわりはプチプラで

眉毛やアイラインは、KATEやセザンヌ、ファシオなどドラッグストアで買えるブランドで。KOBAKOのホットビューラーも優秀です。

口唇は軽やかに

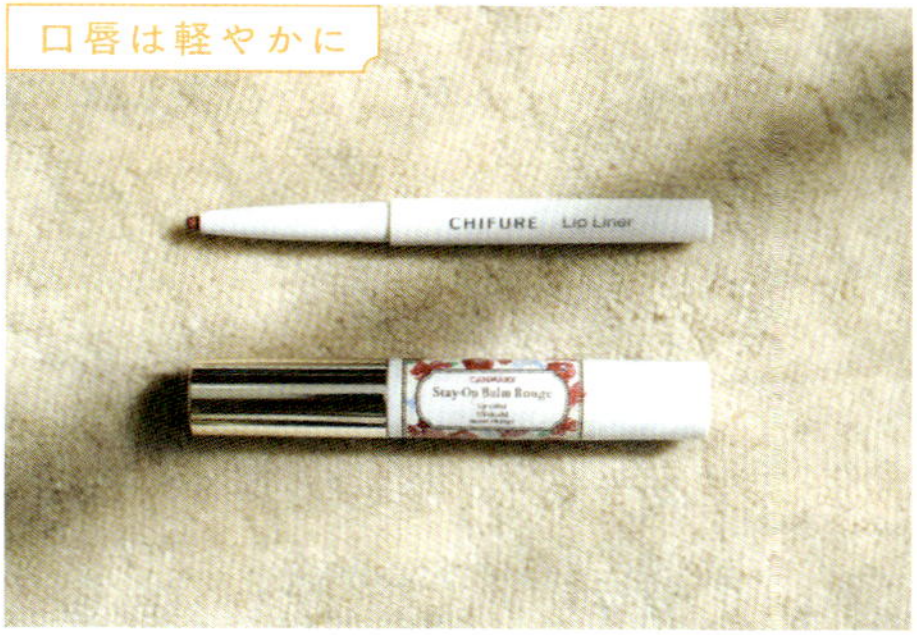

赤い口紅はなんだか落ち着かなくて、私には透け感のある赤い色つきリップが丁度いい。きちんとしたいときはリップライナーを併用。

ファンデーションは新作を

今はトム フォードのクッションファンデやアンプリチュードのリキッドが気分。シーンや肌の状態に合わせて使い分けています。

キラキラを取り入れる

アイシャドーは、複数のブランドから選べるイセタンミラーで購入。シャネルのラメの細かさやNARSのキラキラ感がお気に入り。

先っぽをキレイにする

指先もぬかりなく

普段はukaのベージュピンクに、ときどきシルバーのラメを重ねています。気分を上げたいときは、ukaの赤をひと塗りして。

「カジュアルだけどキレイな人って、どこが違うのかな」

お洒落な友人が、「印象的なピアスや赤いネイルをしている人は、キレイにしているなと感じる」と言っていて、深く頷きました。

先っぽをきちんとしていると、キレイの完成度が上がります。それ以来、ずっと気にしていた赤ネイル。普段ははがれが目立ちにくい色を乗せることが多いですが、使っていたukaから赤いネイルのシリーズが出て、肌の色（イエローベース、ブルーベース）に合う赤が選べると聞いて、手に取ってみました。

赤いネイルが目に入るたびに、むふふ、と嬉しくなる。ちょっとキレイにしているという自信。短く切りそろえて塗るのが好きです。

Point

指先まで清潔感》 貝印・KOBAKOのビューティツールを愛用しています。小さなささくれもすぱっと切れるニッパーや、磨くだけでつやっつやになるブロックバッファーは手放せません。

三面鏡を使う

横から見られてもキレイ

かんたんナチュラルメイク派ですが、テクニック不足を補うべく、使いやすい道具を揃えています。三面鏡で横顔に自信を。

「自分が見たい角度からだけ見ていいちゃダメなのよ」

人よりも写真を撮られる機会が多いため、自分の写真にギョッとすること、実はけっこうあります。

美しい人は、どの角度から見ても、隙がないくらい手がかかっていますよね。ほどほど派の私はそこまではできませんが、せめてもと思い三面鏡を購入してみました。チークを塗るときなど、横からの視線が大助かりです。

そんなに大きくないので、メイクボックスに入れておいて、明るい窓辺に移動して、お茶を飲みながらゆっくりメイクすることもあります。ちなみにこれ、LEDのライトつき。アマゾンで買いました。

Point

メイクアイテムをお引越し≫ メイクアイテムが増えたので、浅くて取り出しやすい無印良品のキャリーボックスに入れ替えました。ブラシやワックスなど、スキンケア以降のアイテムはここに。

罪悪感のないインスタント

インスタントを取り入れるのは悪いことではありません。にっちもさっちもいかないときに、助けてもらえるのはありがたい。美味しくて、ヘルシーで、きちんと作られているものを選べば、罪悪感なく食べられます。

養々麺は、長崎に住んでいた方に教えていただいて、お土産に買いました。キノコがたっぷり入っていて、お湯を注ぐだけとは思えないほどのクオリティ。小さめサイズが三つ入ったパックもあって、ちょっとお腹がすいたときや、夜食にも食べています。都内の高級スーパーでも見かける機会が増えて、友達にもずいぶんおススメしました。

冷凍食品は、これまで焼き餃子を常備していましたが、水餃子のほうが油を使わずヘルシーだと気づいて替えました。一般的に水餃子は焼き餃子に比べて皮が厚くてもちもちなため、満足感があります。こういった加工品は、添加物が多くない、パルシステムなどの製品を選んでいます。

高級カレーも、ご褒美感があっていいですよね。フィッシュカレーが絶品の下北沢ムーナのレトルトカレーをお店で買いだめしています。

Point

そば粉のガレット》 フランスの高級冷凍食品ショップ、ピカール。忙しい方に教えていただいた、冷凍のそば粉のガレットは、一枚ずつはがしてフライパンで焼くだけ。割り入れた卵に火が通ったら四角く折って、ルッコラやトマト、ハムなどを添えます。まるでフランスの朝食みたい。ピカールはクロワッサンも美味しいそうですよ。

滋味深いお手軽麺

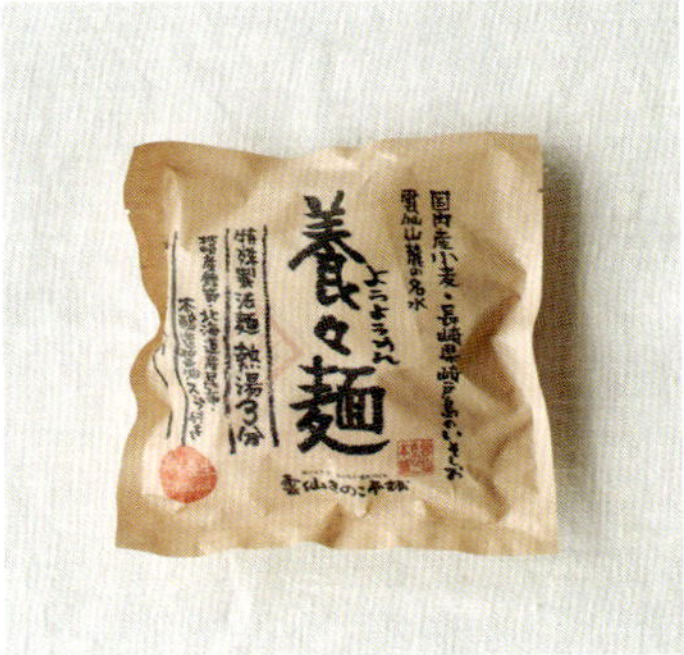

キノコたっぷり、長崎の養々麺はお湯を注いで3分で食べられる。麺がツルツルで食欲のないときにもいい。添加物も最小限です。

すぐに食べられる水餃子

パルシステムの冷凍水餃子を常備しています。夜遅い時間にちょっと食べたいときや、料理が面倒なときでも、5分で準備できます。

ちょっと贅沢カレー

レトルトの代名詞ともいえるカレーも、贅沢版ならご馳走気分。このようなストックのおかげで外食が減れば、節約にもなりますね。

読書で新しい視点を持つ

本には、知恵や経験がみっちりと詰まっています。自力で一から模索するよりも、評判のいい本を読むほうがはるかにいい方法を知ることができる。だから、自分の専門分野以外のジャンルは、本で学んでいます。

よく手に取るジャンルは、お洒落、メイク、お金、ビジネス書など。読書を通じて、自分が慣れている世界や価値観から一歩外へ踏み出せたらと、いつも思っています。

特に若い世代の経営者や専門家は感性が柔軟で、これまでの常識を軽やかに飛び越えていく。彼らの考え方ややり方と同じようにはできなくても、それを面白がれる感覚は持ち続けていたいです。

「こんな考え方もあるのね！」

「こうしたら、私もできるかも。真似してみよう」

大きな変化でなくてもいいから、わずかでも自分自身を更新していきたい。人はこれからいくらでも変われるし、いくらでも成長できる。本を読んでいる限り、まだまだ可能性があると感じられるのです。

Point

ベストセラーから読む》 多くの人が「いい！」と太鼓判を押した本にはそれだけの理由があり、自分にとっても良書であることが多い。なので、ベストセラーから手に取っています。月に10冊以上は本を買って読んでいて、我ながらかなりの雑食。でもその読書量が、知識や思考の幅を広げてくれると思いたいです。

多様なジャンルの本を読む

自分の専門外のジャンルは、評判のいい本に学んでいます。こんなに濃い情報を分けてもらっていいのかしらと嬉しくなります。

日常にユーモアを

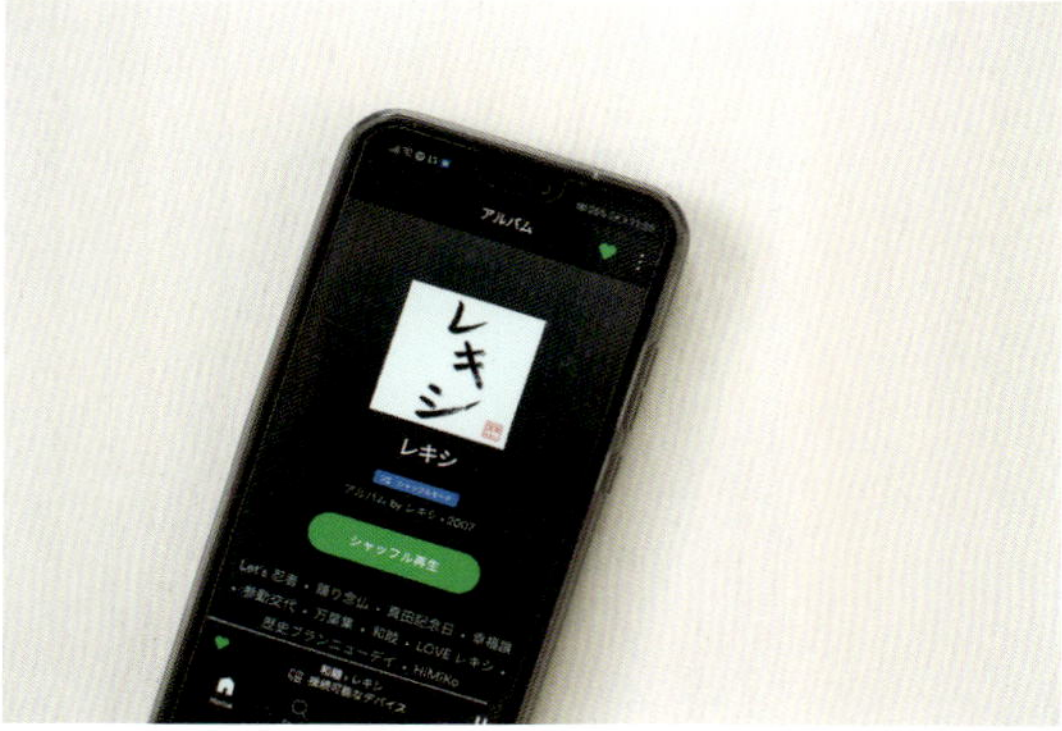

世知辛いこと、ありますよね。どうにもならないこともある。やるせなくて、唇をかむときも。でも、大人はひっそりと気持ちを立て直して、やるべきことをやらなくちゃいけません。

長く働いてきて、これからもきっとずっと働いていく。なんとなく思うのは、真面目だけじゃなくて、リラックスしてにこやかにしているほうが上手くいくということ。少なくとも、私の場合はそうみたいです。

だから、心に余裕を持てるように、ユーモアを大切にしています。思わずむふっと笑いがこぼれるような、そんなものを身のまわりに置いておく。

笑った顔がとびきりキュートなバッグは、一人でカフェで仕事をするときに、向かいの席に置いておくと寂しくない。バッグの中には「どこのもの？」と、しょっちゅう聞かれるお寿司柄のポーチを。仕事の請求書には、動物の柄が入ったハンコを押す。ドラえもんのお皿は、どら焼き用に買ったもの。

どれも時間に追われがちなときに和ませてくれます。私だけでなく、気づいてくれた人が、ほんの少しだけ和んでくれたらなお良しです。

Point

レキシ》 池田貴史氏による、日本史をコンセプトにしたソロユニット。クオリティの高いポップソングで、歌詞に日本史の用語が盛り込まれている。ツッコミどころ満載で、聞くだけでハッピーになれます。忙しい日の夜にMVを見たり、長距離ドライブで疲れてきたときなどにこれをかけると場が和む。わが家の特効薬です。

にこにこバッグ

笑顔が印象的なアニヤ・ハインドマーチのトートバッグ。持っているだけで、私にもまわりの人にも笑顔が伝染するようです。

おばさま方にも大人気のタオルブランド、ドイツのフェイラー社のポーチ。伝統あるブランドが、大真面目に遊んでいるのが最高です。

お寿司柄のポーチ

動物柄の印鑑

書類などに押すハンコには、ハシビロコウやフクロウをひそませて。「邪悪なハンコ屋しにものぐるい」のオンラインショップで購入。

ドラえもん展で購入したお皿は、どら焼きだけでなく、しばしばお茶の時間に登場。あげるだけで、気持ちが上向きになります。

笑顔になるお皿

感謝したい人へ プチギフトを

背筋を伸ばして「ありがとう」と伝えたいときは、プチギフトを送ります。ときには気持ちを形にするのも必要だと思うから。もちろん高価なものではなくて、シーンに合わせて500円、1000円、1500円のギフトリストを持っていると、いざというときに心強いです。

私は食べものや、自分では意外と買わないプチ贅沢品を贈ります。万策尽きたらミニブーケ。お花は確実に喜んでもらえます。ちなみに、箸置きとピローミスト、パッケージがかわいいおやつもいつも好評です。

贈るときは、その人になりきって、どんなものが好きか、どんなものを必要としているか想像します。でも、考えすぎると失敗するのが怖くなって身動きが取れなくなるから、あげたいものをえいやっと選ぶ決断力も大事です。

たとえば、自分がギフトをもらうときに、「あなたのことを考えて選んだの」と言ってもらえたら、どんなものでも嬉しいですよね。だから、あくまでも気持ちを伝えることを優先しています。

Point

プチギフトの予算について≫ プチギフトは、「相手がお返しを考えなくていい金額」がスマートです。たとえば2000円以上のものをいただいてしまうと、私は何らかの形でお返しをしなきゃと考えます。だから自分が差し上げるときは、相手の年齢や立場にもよりますが、1500円くらいを上限にしています。

食卓を彩る箸置き

あると嬉しい箸置きは、お手頃価格で必ず喜んでいただける、手堅いギフト。小さいものだから、かわいいモチーフを選んでいます。

睡眠を健やかに

バンフォードのオーガニックピローミストは、私も愛用。いい香りとシンプルなデザイン、1500円というお値段もパーフェクトです。

話が広がりそうなお菓子

ワンコイン以下のギフトは、場が盛り上がるものを。新宿をテーマにした少女マンガ和菓子ブランド「新宿女王製菓」はいかが。

美しい、かわいいパッケージ

ルル メリーは日本のチョコレートブランド・メリーチョコレートの新ブランド。美しいパッケージでギフト向け。サブレは378円。

どんな献立もうつわで華やかに

蝙蝠と桃は
幸福のモチーフ

最も好きなのは、中国の古いお皿。緻密に描きこまれた高級品よりも、余白が多くて、のびやかなタッチの雑器に惹かれます。

日本の作家もののうつわを一通り揃えて、今はアジアの絶滅危惧な民芸のうつわを追いかけています。

すでに作られなくなったものや、もうじき姿を消しそうなもの。店の片隅で、ほこりをかぶっているデッドストックやアンティークのうつわたち。

どれも高級品ではなく、どこかにユルさのある、日常使いの雑器ばかり。これらが放つ、線香花火が消える前の一瞬のきらめきに似た、強い輝きに心を奪われています。

ほのぼのとした絵つけの、中国・清代のアンティーク。ほのかにフランスのかおりがただよう、ベトナムのソンベ焼。古い日用品店の隅に積まれた、裏に中国制造と刻印された、中国のプリントものの食器。

そんな愛らしいうつわを追いかけて、ここ数年は、香港やマカオ、台湾、シンガポール、ベトナム、マレーシアなどへ通っています。

アジアの民芸皿

味わいがあるアンティークのソンベ焼き

海外を旅していると、日本の料理やうつわに対する細やかさを再認識します。料理に合わせてうつわを選び、全体が調和するようにまとめる。これを一般の人もしているのですから、贅沢なことですよね。

とはいえ、わが家の食卓は、いつも品数が多いわけでも、美しい料理がずらっと並ぶわけでもありません。うつわのおかげで、なんとか持っているようなものです。

そもそも家庭料理って、そんなに華やかなものじゃない。シンプルすぎるうつわだと、ちんまり寂しげに見えたりもします。

そこで登場するのが、アジアの柄もののうつわ。和食器にも馴染み、地味なごはんにも華を添えてくれる、ありがたい助っ人です。

Point

アンティークとのつき合い方≫ 食器は清潔さが重要なので、汚れやダメージが目立つものは避けています。掘り出したらまず部屋で丁寧に洗って、持参したプチプチに包み手荷物で持ち帰ります。

お守りを持つ

のど飴、アロマ、お守り

いざというとき、いつものものがある安心感は絶大。普段からバッグに忍ばせています。

なんだか年々、ストレスや突発的な出来事に弱くなっている気がします。悲しいけれど、これが加齢というものでしょうか。

気は心。思い込みも大事！　ということで、のど飴と厄除けのお守り、爽やかな香りでリフレッシュできるロールオンアロマなどを、バッグに忍ばせています。

たとえば大きなプレゼンの前や、飛行機に乗るときや、撮影前など、緊張するシーンでこういったアイテムがあると、高ぶっていたのがだいぶ治まる気がします。

そして、そういうときは呼吸も浅くなっているから、アロマを手首に塗って、鼻を近づけてゆっくり息を吸い込む。一人でこっそりできるリラックス法です。

Point

ゼラニウムを部屋に生ける≫　ゼラニウムの香りは、ストレスを緩和する効果があります。そのため、花壇から一枝切ってきて、部屋や洗面所に飾っています。フレッシュな香りで癒されますよ。

疲れを乗り切るアイテム

サプリメントと高麗人参茶

栄養は主に食事で摂りますが、完璧ではないため、不足分をサプリで補っています。

やらなきゃいけないことがあるのに、身体が言うことを聞かなくて寝落ちしてしまう。週末、朝ごはんを食べて二度寝してしまった。どちらもこの数年の私のこと。運動不足もありますが、ここぞというときに力が出なくて困っていました。

友人に相談したら「鉄分不足じゃない？」と言われ、たしかに数値でもそう出ていました。それから、植物由来の鉄分タブレット「フローラディクス」と肌の調子を保つビタミンB、キューピーコーワゴールド、その時々で不足していそうな栄養素、主にビタミンCやDなどをコツコツ飲んでいます。

即効性はありませんが、しばらくやめると変化を感じるため、効果を実感します。

Point

高麗人参茶》 出張のお土産でいただいた韓国の高麗人参茶パウダー。胃腸を守り、冷え性や貧血の予防にも効果があるそう。顆粒をお湯に溶かして蜂蜜を少量加えて飲んでいます。

はじめてのタイ料理
～週末に、人を呼ぶときに～

タイ料理人のアベクミコさんは、イベントやケータリングで、時には100人もの人のために料理を作っています。作ってふるまう人ならではのホスピタリティと、ライブ感のある料理の腕は、人との関わりによって、ますます磨かれていきます。

アトリエでは、フランスのアンティークの食器や、アジアの食器などをシックに組み合わせて使っています。世界各地を旅した料理人が生み出す、大人なエスニック。国というボーダーを越えた、のびやかな料理が持ち味です。

「元々はファッション業界で長く働いていて、そのあと料理の世界へ転身しました。

働いていたアニエスb.は、社内で『次はどこへ行く?』という話題が飛び交う文化で、お休みごとにどこかへ旅するのがあたりまえという環境でした。

フランスは出張でも行っていたので、欧米

教えてくれた人
アベクミコさん

タイ料理・料理人。出張料理のほか、イベント、料理教室、プライベートダイニングなどで幅広く活躍中。美しくモダンな料理が人気。インスタグラム　@peaceful1024

以外の国へ行きたいと思って、20代半ばごろに初めてタイを訪れました。

その時の第一印象は、猥雑でパワーがある国だなと。当時、日本にはタイやエスニックの料理がそんなに入ってきていなかったので、初めていただくハーブや調味料などが新鮮で興味深く感じました。

ヨーロッパや他のアジアの国もよく旅していた中で、なぜタイだったのかというと、タイ料理がバラエティーに富んでいて飽きなかったから。そしていろいろなご縁もあったからです。

タイは他のアジア諸国と比較して植民地になっていないため、他の文化が入らず、歴史も守られています。それは少し日本に似ています。タイ料理は、日本と同じく南北に長いので地方によって料理の特色があり、宮廷料理・屋台料理・家庭料理といったバリエーションもあります」

アトリエのそこかしこに、旅で出合った道具やうつわが置いてあります。

「暑い気候のため、炒める、揚げる、和える料理が多く、酸味と甘味、辛味、塩味の４つの味のバランスが大切です。

ゲーンテーポーは、さっと炒めてつくる豚肉と空心菜のカレー。ソムタムマクアテートは、色とりどりのプチトマトの和えもの。ソムタムは、先に作っておくと水分が出てしまうので、食べる直前に和えてくださいね。

おもてなしは、大きなうつわに盛って取り分けるスタイルがおすすめ。野菜を先に切ったり、肉を茹でて割いておいたり、煮込みを先に作っておいて、和えたり炒めたりするのは、みんなに手伝ってもらっても。下ごしらえも調理も、それぞれ10分から15分くらいでできます。

おもてなしの料理はがんばりがちだから、いつものごはんをちょっとアレンジします。たとえばお皿を大きめにして料理を少なく盛りつけるとか、切り方を変えたりします。たとえば、レンコンの炒めものは、輪切りではなく縦に切ると食感が変わり、見た目も新鮮になります。

うつわは大皿一枚と、取り皿を。あまり大皿を使わなくて収納も大変ならば、トレイや葉っぱをお皿代わりにするのも」

おもてなしをとなると力みすぎて、いつも疲れていましたが、お洒落なタイ料理を自然体で出せるようになりました。タマリンドペーストは専門店で買いますが、あとは手に入りやすい食材ばかり。ぜひおうちでタイ料理に挑戦してください。

ごはんはタイ米（ジャスミンライス）でも、普通のお米でもOK。

レシピ1

ゲーンテーポー　～豚肉と空心菜のカレー～

ペーストを使えば、一見難しそうなタイカレーが身近に

材料（作りやすい分量）

豚肩ロース…100g
（太めの千切り）
空心菜…１パック
（食べやすい長さにカット）
レッドカレーペースト
…大さじ１～
ナムプラー…少々
砂糖…小さじ１～
ココナッツミルク…１カップ
タマリンドペースト…大さじ１
サラダオイル…適量

作り方

1. フライパンに多めのサラダオイルを入れて豚肉を炒める。豚肉に８割くらい火が通ったら、レッドカレーペーストを入れて油となじませるように炒める。焦げやすいので注意。
2. ココナッツミルクを入れてひと煮立ちさせたら、ナムプラー、砂糖を入れて味を調える。
3. 空心菜、タマリンドペーストを入れる。空心菜が柔らかくなったら火を止める。

Point
豚肉を炒めるときに、多めの油で炒めるのがポイント。

レシピ2

ソムタムマクアテート ～トマトのソムタム～

野菜がたっぷり食べられて、止まらないおいしさ

材料（作りやすい分量）

プチトマト…12個くらい
（半分にカット）
ナムプラー…小さじ1～
砂糖…小さじ1～
ライム…2分の1～
にんにく…半かけ
唐辛子…1本～
ピーナッツ…適宜

作り方

1. クロック（鉢）ににんにく、唐辛子、砂糖、ライム、ナムプラーを入れてサーク（たたき棒）でたたく。
2. プチトマトを入れて軽く潰す。
3. 粗く刻んだピーナッツを加えてさっくり和える。

Point

野菜はジップロックに入れてたたくのでもOK。トマトやズッキーニなど柔かい野菜は潰しすぎないように注意する。

この人に聞きたい！

Vol.3 Y・Tさん／会社員

夫の学生時代からの友人のTさんは、30代後半で転職を叶えた努力の人。何歳になっても自分のキャリアや人生の舵取りができることを教えてもらいました。

① どういうきっかけで資格をとろうと思われましたか？

資格試験のチャレンジを決めた当時、法律に関する知識が必要な仕事をしていました。自分の仕事に対し、『〜だと思います』から『〜です』と自信を持って答えられるようになりたかったからです。

② 働きながら、勉強を続ける時間はどのようにつくられましたか？

週に何時間勉強するかをざっくりと決めて、週の勉強時間の合計が目標を達成できるようにしました。専門学校での勉強を含め週に25〜50時間位です。仕事終わりに食事の約束をしている日は、夜の勉強はしなくてもいいと思うとストレスが溜まらなかったです。

③ 勉強を続けるモチベーションを保つコツはありますか？

法律は法改正があるので、改正部分を新たに勉強しなければなりません。集中して短期間で合格するのがよいと思い、年一回の試験に絶対に合格するぞという強い気持ちで臨みました。また試験後にやりたいことリストを作り、ご褒美を用意するのもよいと思います。お金のかかることではなく、しばらく会っていない友人と食事するなど、普段なら何でもないこともイベント化しました。

④ どこでどんなふうに勉強しましたか？

自宅は誘惑があって集中できないので、自習室が無料で使える専門学校を選び、終業後と土日祝日に利用しました。朝は早めに出社して始業前にコーヒーショップで復習と演習を行っていましたが、満員電車に乗らずに済んだのでよかったです。法律の条文は数字や単語を覚えなければならず、音声読み上げソフトで音声ファイル化し、移動中に携帯音楽プレイヤーで聞いて覚えました。

⑤ 学校や教材などを選ぶ際に重視したことはありますか？

専門学校は体験授業で講師やテキストの質、単語帳は作っているだけで勉強した気持ちになり、時間がもったいないので市販されている用語記入済みの単語帳がお勧めです。

⑥ 勉強をしている間に、その分削ったことや我慢したことはありましたか？

平日は終業後に学校又は自習室へ寄っていた為、その間夕食は外食でした。自宅で夕食を食べてから勉強を試みたこともあったのですが、私には合わなかったようです。限られた期間だと言い聞かせ、休日も遊ばず大体自習室で過ごしました。

⑦ どういったものにお金をかけていますか？また逆にここは絞っているというジャンルはありますか？

心地よく過ごすことにお金をかけています。麻のシーツやふかふかのタオル、肌触りのよい洋服などです。格安スマホを利用し、動画やゲームを全く利用しないので、通信費は抑えられていると思います。

⑧ 年齢とメイク、ファッションで意識していることはありますか？

年齢柄シミやシワも目に付きますが、メイクが崩れると汚いので、薄化粧で済むよう素肌を整えるように気をつけています。紫外線をできるだけ浴びないようにし、期間を決めて皮膚科で保険外で処方してもらったビタミン薬も飲んでいます。ファッションはできるだけ自宅で手入れできるものを選び、今っぽい感じをどこかに取り入れるよう心掛けています。昔はおしゃれの為に我慢もできましたが、最近は疲れないスタイルが好きです。疲れた印象にならないよう２〜３年で洋服を入れ替えています。

⑨ どんな時間を大切にしていますか？

好きな人と過ごす時間です。恋人、友人、家族と笑っていると、何かあってもどうにかなるような気がします。

⑩ 今の年齢ならではの悩みはありますか？

健康。毎年会社で人間ドックを受診しているので、その結果を熟読しています。

⑪ 仕事で大切にしていることは何ですか？

必要以上にマイナスの感情を出さないようにしています。特に怒鳴ったり、大きな声で喚くのは相手にストレスしか与えないので、プライベートでもしないようにしています。

⑫ これからの夢を教えてください。

特にありません。普段行っていることの積み重ねが、未来に繋がっていくと思います。

Part 4

変化に柔軟に

先の見えない今の時代。荒波にもまれて、私たちはどこへ向かっていくのでしょうか。変化を恐れすぎずに、自分らしくあるために。暮らしの質を上げて心を満たし、明日がより良くなると信じて学び続けていきましょう。

新しい情報に触れ続ける

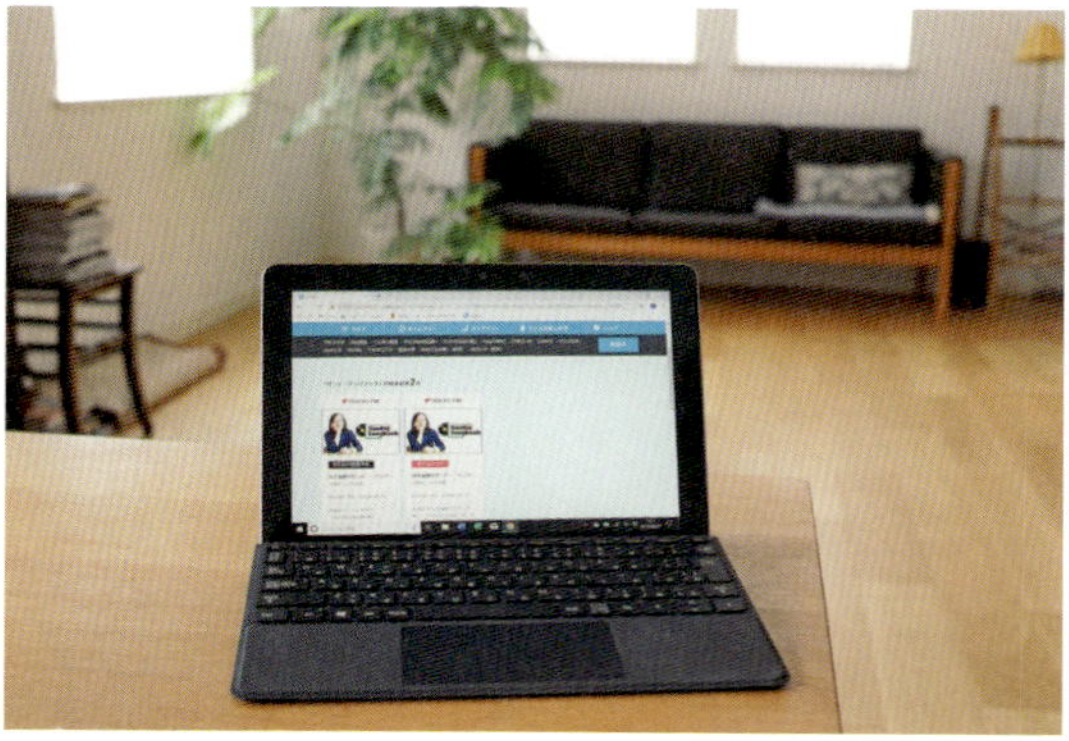

情報との、上手なつき合い方が求められる昨今。ふりまわされない程度に、健やかに関わりたいと思っています。知識や情報が豊富な人は、気になることはその場で調べる癖がついている。そして、情報の入口と道すじをつくって、スマートに交通整理をしています。

私の情報源は、自由自在に飛び回れるインスタグラムが主です。検索したりタグをフォローして、情報は、フォルダに分けてクリップしています。

料理のレシピや新製品、インタビューなど、ウェブサイトに掲載されている情報を、いちいち携帯にブックマークをしていると膨大になるから、その都度、自分宛にURLをメールで送って、PCでじっくり読むようにしています。

雑誌のウェブサイトはわざわざ見にいくのを忘れがちなので、LINE経由で更新のお知らせを得て、気になる記事だけ読むようにしています。

そして、週末のイベントやライブは、フェイスブックのイベント欄でチェックしています。関連するものも出てくるのがありがたい。気になることは「興味あり」を押しておくと、リマインドが来て忘れません。

Point

ラジオも情報源≫ 手を動かしながら聴けるラジオは、「radiko」アプリで好きなときに聴いています。上質な音楽の授業のような山下達郎さんの「サンデー・ソングブック」や、ピーター・バラカンさんの「Barakan Beat」。文才もある芸人さんたちのラジオも、話題とボキャブラリーが豊富で飽きさせず、話し方も含めて勉強になることばかりです。

メール

記事URLを自分に送る

気になるウェブサイトの記事は、自分宛にメールで送ってあとでPCで読むようにすると、読みのがさず、整理もしやすいです。

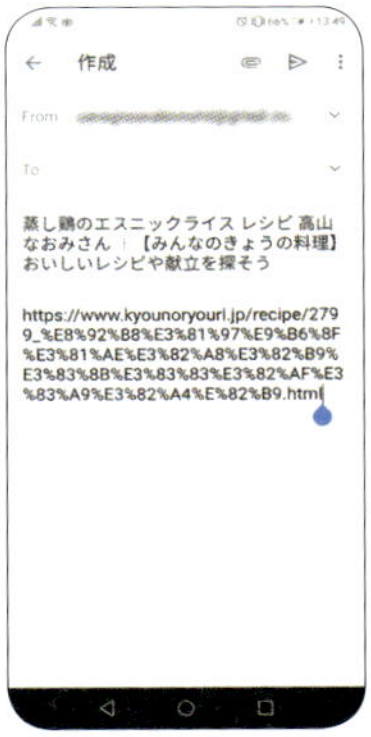

Instagram

■ タグフォロー
■ アルバム保存

すぐに流れていくインスタグラムは、入ってきた情報のストックが大事。保存する際にテーマ別に振り分けて、探しやすくしています。

Facebook

イベント情報

イベントやライブの情報は、フェイスブックのイベントでチェックします。「興味あり」や「参加する」を押せば、忘れ防止に。

自信のないことを勉強する

細く長く続けている勉強。実力がつけば、次の一歩を自信を持って踏み出せます。

35歳前後から、まわりで勉強している人がどんどん増えています。

転職をめざして、資格試験や語学の勉強を始めたり、キャリアを中断して留学している人もいる。元から超優秀な人だけではなくて、普通の人が、地道にこつこつ勉強しているという印象です。そして誰もが、「実力がついて、自信もついた」と、晴れ晴れしています。

この先も自分の足で立ってやっていくためには、このあたりでアップデートが必要なのかもしれませんね。

私は、本気で何かを学びたいときは、たとえそれが趣味であっても、資格の取得を目標にしています。体系立てて学べて、到達度がわかるからです。

2006年に取得した整理収納アドバイザー1級の資格は、気づいたら仕事の一つになっていました。資格を持っていると、プロとして見てもらえるようになります。だから、

役立った英語本

大学を卒業して20年以上経ち、基本的なことから復習しようと大人向けの中学レベルのテキストとワークブックなどをやっています。

多少時間とお金がかかっても資格を取ってよかったと、当時の判断に納得しています。

もちろん、めざす目的や到達度によっても、勉強法や勉強量は多種多様です。学校に通ったり、通信教育等で勉強したり、独学もいいでしょう。

英語も話せるようになりたいけれど、今は中国語で精一杯で、さらにもうひとつの言語も学ぶのは時間・金銭・能力的に難しい。でも、細々とでも無駄にはならないはずと、休職中の友人とともに、評判のいいワークブックやテキストを買い込みました。

どんなことでも、やるとやらないでは雲泥の差。近道はありません。まず一歩を踏み出して、マイペースに続けていくだけです。

Point

習慣づくり》 勉強を続けていくにあたって、いちばん難しいのは習慣づくり。語学を勉強している知人は、一緒に自習をするメンバーを募って、互いに励まし合いながら勉強する機会を作っています。

できる健康習慣を取り入れる

健康習慣は、自分にとって無理のない範囲で少しだけ。

まず、冷たい水は飲みません。身体を冷やさないように、常温以下では極力飲まないようにしています。水筒にお茶を入れて持ち歩いたり、お店で飲みものを注文する際は氷抜きで注文します。また、料理の際に漢方食材も使って、身体を温めるよう心がけています。

「あすけん」アプリで、食べたものとカロリーと体調の記録をつける。これはレコーディングダイエットのつもりで始めましたが、まだ体重の変化には結びついていません。ですが、カロリーを知って、食べすぎが減りました。体調の記録もつけやすくて続いています。

外出時に、上りはエスカレーターを使ってOK。でも、下るときだけは階段を使っています。地味に続けていたらいつのまにか、体力に余裕があるときはこれまでよりも身軽に上りも階段を上がれるようになりました。

こういった習慣は、急激にがんばると挫折するから、自分の性格やレベルに合わせて、じわりじわりとできることを増やしています。

Point

ラジオ体操最強説≫ 大人になってあらためて、短い時間で必要な動きを一通りできるラジオ体操が最強だと再確認しています。あとは、パソコンや携帯に向かっている時間が長くて猫背気味なので、背中を反らしたり、肩甲骨を開く運動をしています。たまに使うストレッチポールも、かなり効果ありです。

PCや携帯電話など、猫背になりがちなため、事あるごとに、背中を反らす運動をしています。肩こりや腰痛も軽減されるよう。

身体を伸ばす

10年以上、飲みものは常温以上で飲むようにしています。生姜湯など、手軽につくれて身体を温めるドリンクは冬に愛飲。

あたたかい飲みもの

食事の記録

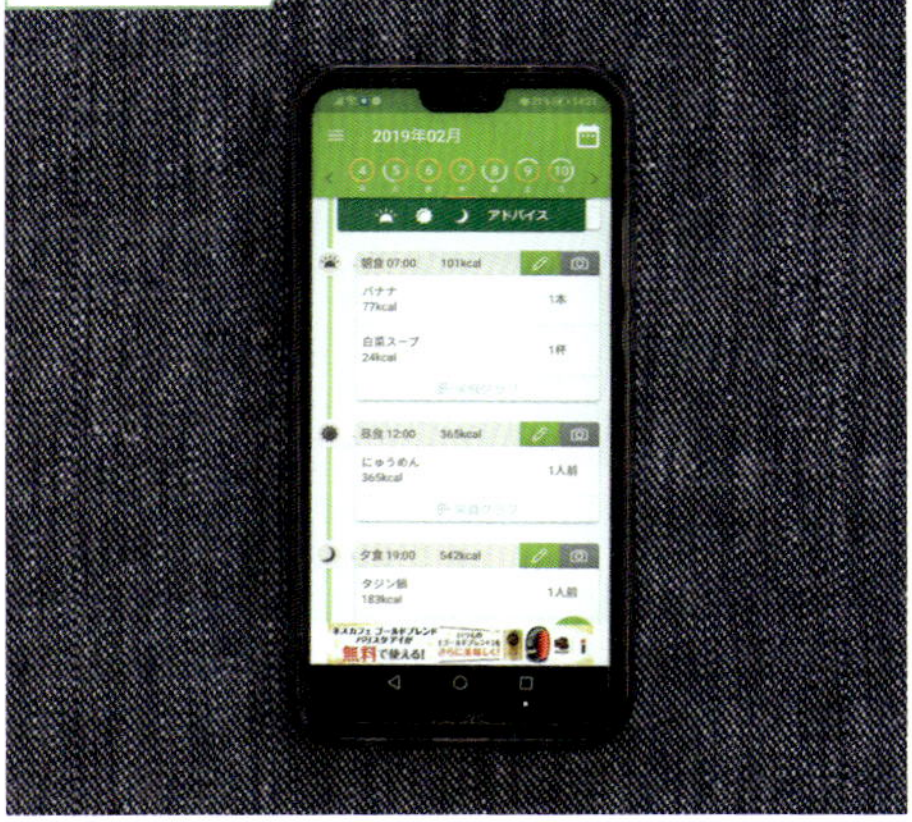

「あすけん」アプリに食べた料理名を入力するとカロリーが出るため、どんなものがカロリーが高いか、ずいぶん知識が増えました。

棗をおやつに

棗《なつめ》やデーツなど、鉄分豊富なドライフルーツをおやつに食べています。1日3つ食べると歳をとらないと聞きましたが、結果はいかに。

手を替え品を替え「続ける」

「勉強は、やればいいだけ。簡単なことよ」と、言われても、そもそも努力と継続が苦手です。気持ちはあるが、意志は弱い。そんな私が試行錯誤を繰り返してなんとかつかんだ「これならできるかも」な勉強のかたち。誰にでも必ず合うやり方があるはずだから、諦めないでと伝えたいです。

恥ずかしながら、語学の勉強は何度も挫折しそうになりました。でも、完全に勉強をやめたら、これまでの努力がゼロになってしまう。またダメだったと自分にガッカリしたくなくて、這うようにして続けてきました。

平日夜や休日に語学学校に通って、確かに力はつきました。でも、時間のやりくりが難しく、夜の学校は会社員向けなのだと、3校目でようやく気づいたのです。そこで平日の昼間に学べる環境を探して、19年春から、学生とともに大学で学ぶ「社会人聴講生」になりました。

週3日、計5コマ。かなりパッツパツですが、学食や図書館も最大限に活用して、仕事を減らさずになんとか両立できています。まだ半年だけど、これまでで一番合っているみたい。とにかく、勉強はやめないことが大事です。

Point

時間・場所・方法を変えてみる≫ 自由度の高い働き方ができる人には社会人聴講生は、授業料も安くておススメ。もしくは、自宅でスカイプや通信教育で学んだり、曜日や時間を自由に選べる教室を利用しても。「時間や場所、方法は無限にあるから、片っ端から試せばいい」。勉強や習い事を続けている人は、みんなこう言います。

勉強道具はとっておきを

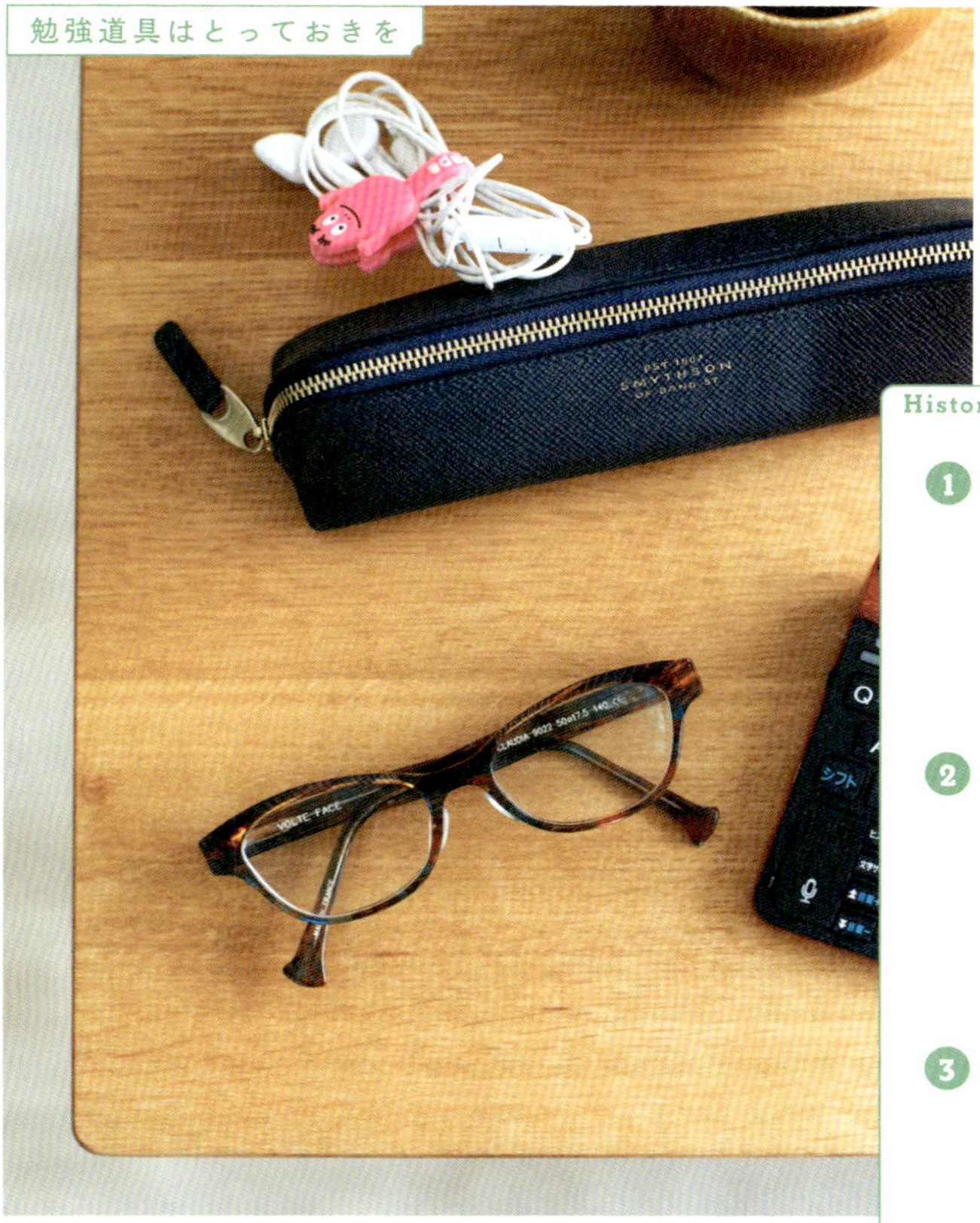

スマイソンのペンケース、電子辞書、メガネなど、少しでも勉強意欲が湧くように、道具類も気に入ったものを使っています。

マイクロソフト社のサーフェスgoは、持ち運びしやすい軽さが魅力。外出時間が増えるため購入しました。

History

**1 語学学校①
平日週1回**

わざわざ夜出るのが負担だった。帰りが遅く、生活サイクルが狂うのが悩み。

**2 語学学校②
土曜5時間**

かなり力がついたが、週末に十分休めず、自分も家族もストレスがたまった。

**3 テレビ、ラジオ、
スカイプ**

良かったけれど、自分に甘いため、直接教わるサービスが合うと再確認。

**4 語学学校③
平日週1回**

近くて割安な学校に通ったが、夜に学ぶのは合わないとようやく気づく。

**5 マンツーマン
レッスン 週1日**

時間や曜日を選べるのは良かった。ただし料金が高くて頻繁には通えない。

**6 大学で聴講生
週3日、計5コマ**

授業料は安く、学生と一緒で刺激的。日中時間を作れる私にはベストな選択。

自分の仕事を育てる

自分はもちろん、関わる人も、みんなが充実して疲弊せず、幸せであってほしい。だって、どうせなら楽しく働きたいですものね。

仕事をしていくうえでは、時間と締切を守る、メールは即レス、途中経過の報告を怠らない、出し惜しみせず年の功でできることはする、ダラダラと時間をかけない、できないことを先に言う、やることよりやらないことを決める、ベテラン感を出さないなどを心がけています。

そして、「強みを3つ持つ」のが私の目指す仕事のかたちです。今は暮らしと旅の二本柱なので、この先もうひとつテーマを見つけたい。そのためにも、自分の情熱にしたがって、がむしゃらに追いかけています。

「10年本気でやればプロになれる」というのが私の持論。温泉ソムリエや、登山ガイド、発酵フードマイスター、高級茶藝師など、趣味がもうひとつの仕事の種になった人を何人も見てきました。今はひとつの仕事だけで稼がなくてもいい時代。副業ＯＫの会社も増えてきたことですし、いくつもの顔を持つという働き方もありですよ。

Point

朝の「日経プラス10」≫読売新聞で連載を持つようになってから、世界の動きや経済も知っていたいと思うようになりました。そこで、朝食を食べながら、前夜の報道番組を見ています。夜のニュースは、落ち着いた語り口が心地よく、情報もコンパクトにまとまっていて見やすいです。

名刺はいいものを

フリーランスにとっては名刺も大事な仕事道具。初対面で会話の糸口になるような、とびきりの名刺と名刺入れを誂えています。

約束も締切も守る。当たり前のことを当たり前にできる人が信用されます。だから、大人になってから腕時計をつけるようになりました。

時間を守る

人間関係をつくる、育てる

チケットやDMは手帳に挟む

美術展のチケット、企画展や展示会のDMは手帳に挟んでおくと忘れにくくなります。

相変わらず人見知りもしている私ですが、ここ数年は、お仕事で知り合った方とライブや展示会、食事に行くなど、少しずつ社交的になっています。好みが似ている人とは、インスタグラムのフォローやコメントから交流が始まって、親しくなったりも。どちらからともなくコメントやメッセージをやりとりするようになって、縁があればそのうち顔を合わせることになります。

そこから仲良くなったり、お仕事につながることもありました。だから、ＳＮＳも大切なコミュニケーションの場。人とのつながりに支えられているのだな、と実感します。

今は以前よりも気軽に誘ったり誘われたりしていて、好きだなと思える人たちと豊かな時間を共有できると、心の栄養になります。「親友、友人、知人」という線引きにも、そうこだわらなくなりました。

予定を入れるのは、ほぼ平日の夜。生活サ

夜の外食は週２回まで

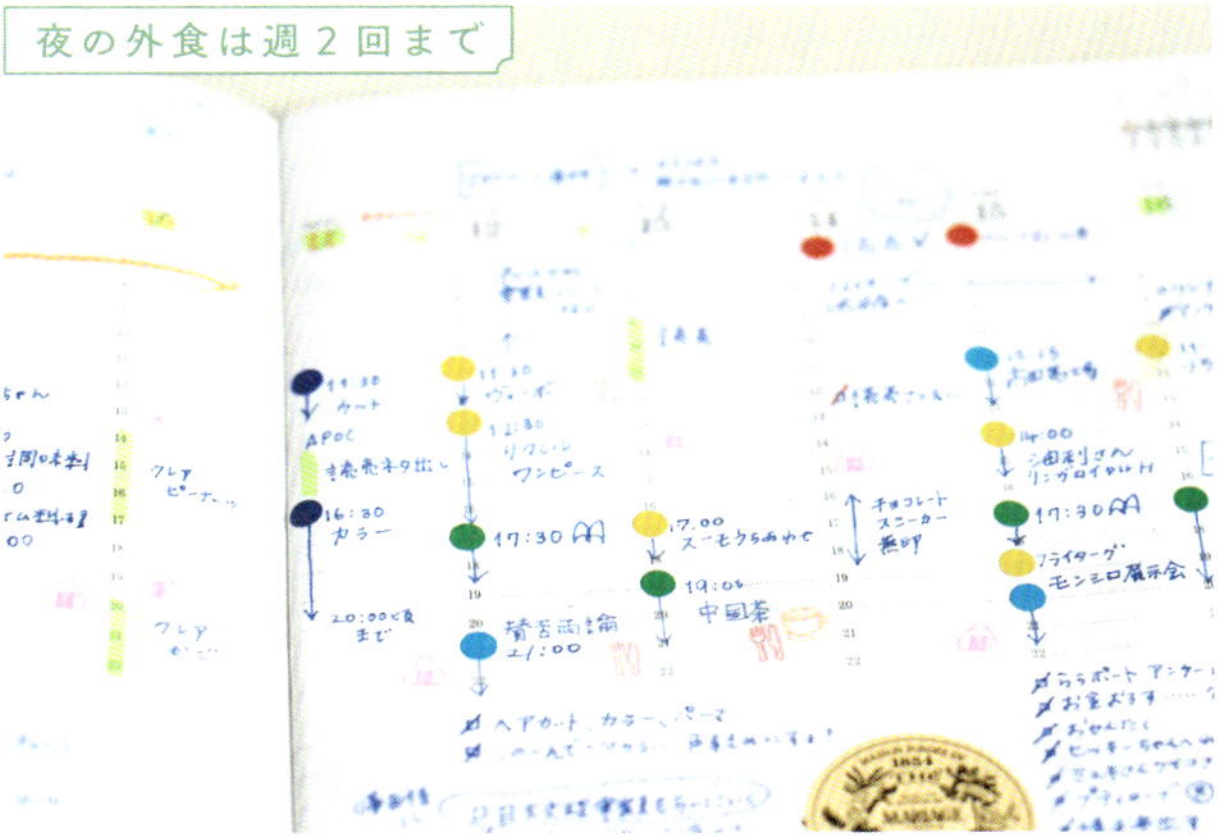

外食は週に２回を上限にしています。あらかじめ家ごはんと外食の見通しを立てて、手帳にスタンプやシールを用いて予定を記入。

調整役を買って出る

数人で予定を調整する際は「調整さん」で日程を決めています。それぞれがあいている日を書いたりするよりずっとスマートです。

イクルを保つために、夜の予定は週2回までを目安にしています。また、語学や料理、台湾好きなど、1〜2か月に一度の周期で会っているグループもあり、忙しい人ばかりですが、長くゆるやかに関係が続いています。

恋愛でも友達でも、心の距離が近づくときは、リズムやタイミングがあるように思えます。会ってみて意気投合すれば、次の約束が生まれて、それを繰り返して徐々に関係が深まる。だから「この人いいなぁ」と感じたら、たとえ仕事が少しくらい忙しくても、タイミングを逃さないようにしています。

Point

率先して調整役をする≫ 人を誘うのが得意でない分、誘われると嬉しくてたまらない。だから、誘ってもらったときは感謝を込めて、すぐに日程を決めて、お店の提案や予約も率先してやります。人数が多いときは、「調整さん」アプリやFBのイベント、メッセンジャーやLINEのグループなどで、日程を相談しています。

暮らしの基盤を持つ

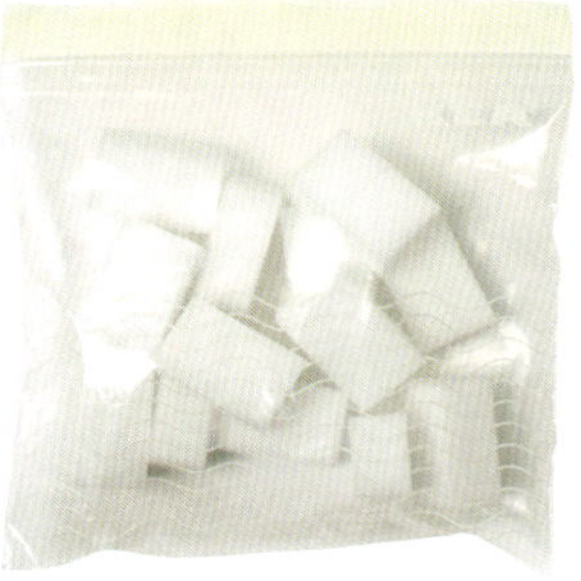

排水口掃除には、メラミンスポンジ。小さいから狭いところにもちゃんと届く。汚れたら捨てられて、気もラク。

家は、住んでいる人の心の状態があらわれます。だから、気持ちが荒むと部屋も散らかる。聞くところによると、気持ちが落ち込むと清潔さを保とうと思わなくなるそうで、ゴミ捨てが面倒になって溜まってきたら、危険サインなのだそうです。

もちろん、いつも完璧でなくていい。わが家も、普段は掃除も片づけも70点前後です。もしも最低ラインをキープしたいなら、ポイントはクローゼットとキッチン。家の散らかりは、ほぼこの二か所に起因するからです。

クローゼットはとにかく、出したものをしまう習慣をつけること。脱いだ服をソファや椅子などにかけると散らかりの元になるので、一時置きする癖があるならば、動線上にドアフックやコートラックなど置き場所を設けます。そうすると、部屋が格段に散らかりにくくなります。

家がある程度整っている。それが私にとっての、暮らしの基盤。料理や掃除、花を飾るなど、どんなことでもいいから、自分ができていることを見つけて、それを暮らしの基盤にすると、健やかにすごせますよ。

Point

その他の散らからないコツ》　DMや新聞はダイニングテーブルの上に置いたら終わり。部屋に入りながら選別して、不要なものはテーブルや棚に置く前にゴミ箱へ。また、キッチンはとにかくゴミ捨てだけはちゃんとする。忙しいなら、料理をしなければ汚れない。コツは、散らかるパターンを知って、手前で防ぐことです。

水まわりをきれいに

水まわりが汚れていると、ダメな自分を見るようで、気持ちが荒みます。だから、慌ただしくても、最後のひと拭きは欠かしません。

洗面所に落ちた髪の毛は、ワイパーなどで集めずに、すぐさまハンディタイプの掃除機で吸う。だから、掃除機の定位置は洗面所です。

気づいたらすぐ掃除

違う国の人と触れ合う

自室の壁に旅のかけらを

旅の思い出を、ワークスペースの壁に貼っています。いつかこの壁が一杯になるといいな。

しょっちゅう外国人の友達が続々と東京に遊びに来て、あちこち案内しています。みな、国内外で機会を作っては、年に何度も会っている人たちです。

語学の得手不得手は、正直関係ないのかも。現に、片言の語学力＋筆談でも、深い話はできませんが、なんとかなっています。

シャイなはずの夫も、趣味が絡むと別人のように社交的になって、海外出張先で、現地の人や欧米人と毎週末遊んでいるよう。「好き」は国を越えるのだな、と強く感じています。

10年前は、外国人の友人がたくさんできるなんて、想像もしませんでした。違う文化や人々に触れると、「こんな風に考えてもいいのか！」と、視野が広がります。

Point

新たな視点を得る≫ 今のアジアを旅すると、スピード感と柔軟性、適応力の高さに驚かされます。そして、ニュースの見え方も変わってきます。彼らの行動力を見習いたいです。

眠りを心地よくする

白い寝具で気持ちよく

今使っているのはKUNGSBLOMMAという掛け布団カバーとピローケースのセット、2999円。

真っ白なシーツが好きです。わが家のシーツは色々使って、最終的にイケアに落ち着きました。高級品やリネン素材はたしかに肌触りが格別でしたが、高価なものが必ずしも丈夫ではなかったのと、消耗品に関しては、私は安価な品をボロボロになる前に替えるのが合っているようです。

秋冬は他の色のシーツも選びますが、春夏は断然さわやかな白が気持ちいい。白は汚れが目立つので、洗濯を普段以上にこまめにするようになり、そういう意味でも良いのです。

時間や回数を使うものには、お金をかける。性能のいいマットレスは、疲れの取れ方が違います。私は睡眠時間が長いほうだから、ベッドまわりには妥協しなくてよかったです。

Point

バンフォードのピローミスト》79ページでご紹介したピローミストを使っています。遅くまで仕事をしていて頭のスイッチがオフにならないときなどに、香りでリフレッシュしています。

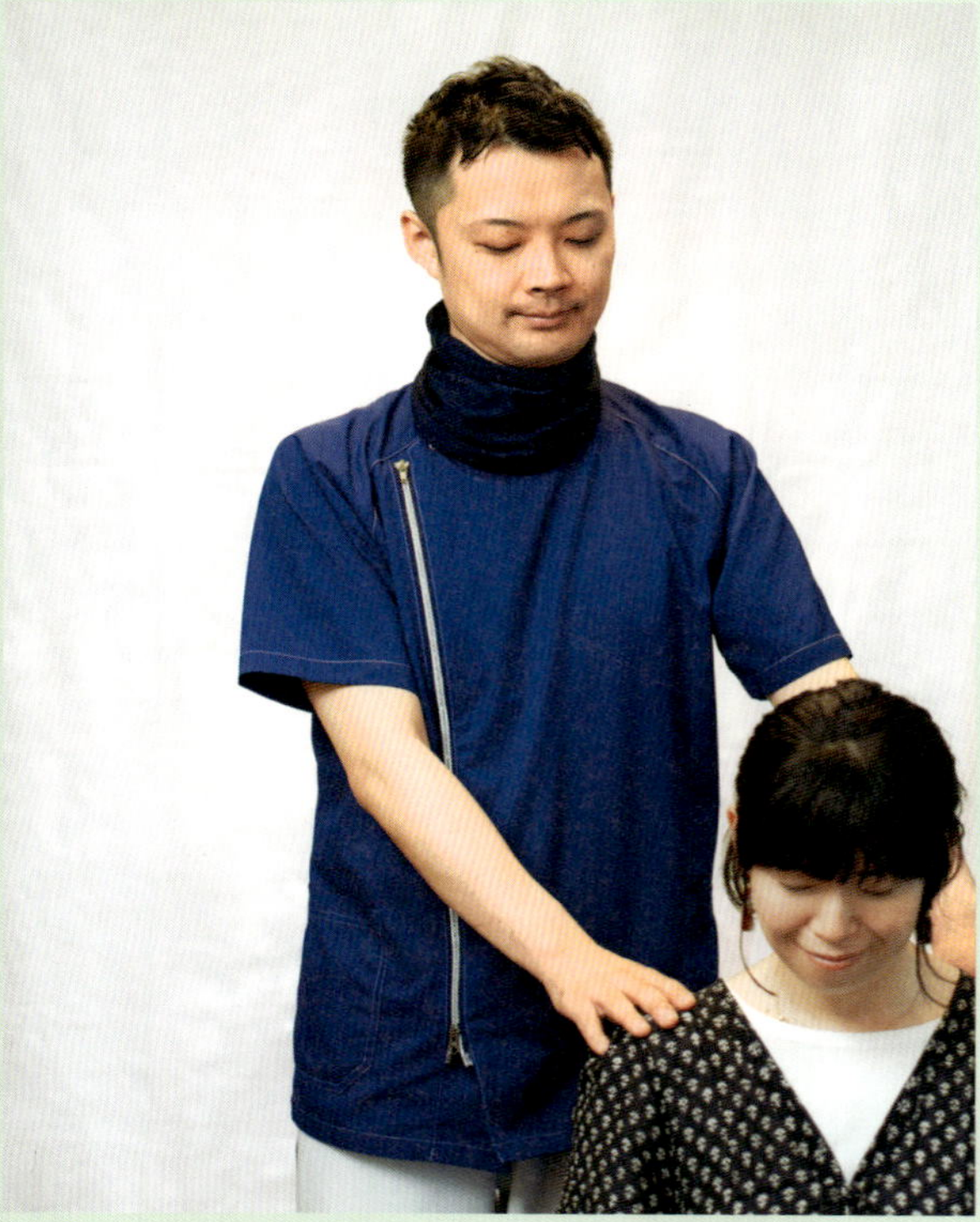

自分でできるからだケア ～朝、夜、気分がすぐれないとき～

かれこれ何年も運動習慣をつけたいと思っているものの、具体的に何をどれだけやればいいかわからない。そして、朝起きてから夜寝るまでの、どのタイミングですればいいかもわからない。

何度も挫折している人でもできる、手軽なストレッチの方法と運動習慣づくりについて、整体師の永井先生にお話を伺いました。

現代の30～40代の女性は、運動不足や座りすぎ、携帯電話やPCによる見えないストレスで、慢性的な疲れやむくみ、肩こり、腰痛、眠りが浅くなるなど、いわゆる〝未病〟といわれる症状を抱えています。

朝起きて昨夜の疲れやコリが取れていない場合は、回復機能が低下しているサイン。これらは生活習慣を見直すことでも改善できます。たとえば、自律神経を働かせるためには水が必要。お茶やコーヒーではなく水を、一日に1・5Lくらい飲みましょう。

Stretch's Book

教えてくれた人

永井 峻さん

楽ゆる整体・スクール代表。整体師。セルフケアの重要性を説き、施術時に提供する「セルフケア処方箋」も好評。来院者の総合満足度は90%を超える。著書に『カチコチ体が10秒でみるみるやわらかくなるストレッチ』(高橋書店)ほか多数。

また、人は携帯電話やPCの画面のような、光っているものを見ると興奮して、呼吸が浅くなり、脳も疲労します。テレビは距離が離れているのでまだいいですが、寝る前の一時間に携帯電話やPCを見ないようにすると、安眠につながります。

どうしても身体よりも頭ばかりを酷使しがちなため、ストレッチや適度な運動を取り入れて、調子を整えましょう。理想的な運動量は、軽い有酸素運動やストレッチが7割と、ラジオ体操や軽く息が切れるくらいの速さの散歩が3割です。これは、週1回40分やるよりも、毎日5分やるほうが断然効果的。どちらも運動前にコップ一杯の水を飲んでおくと、倍ほど効果が違います。

まず、朝や寝る3時間前までにやる運動は、ラジオ体操や軽く息が切れるくらいの速度の散歩です。朝食や夕食を食べて、お腹が落ち着いた後にやると、血糖値を落ち着かせてくれるのでさらにいい。これを週2回、各15分。もちろん毎日できれば完璧です。

寝る前の運動は、緊張していた身体を緩めるもので、頑張るモードからお休みモードへ切り替えるためでもあります。毎日5分でいいので、軽い有酸素運動やストレッチを習慣にしましょう。

運動やストレッチは、毎日同じ環境でやるのがベター。そのほうが自分にプログラムされるからです。たとえば、夜寝る前にベッドでストレッチをすると、これをやったら寝るのだと脳や身体が覚えます。そして、旅行や出張などで環

Step

ストレッチをする前に…

☑ 水を1杯飲むこと

☑ ストレッチは
2セットは行うのが
おすすめ

境が変わっても、ベッドでストレッチをすると眠くなるのです。

運動を始める際は、一念発起しないようにしましょう。特にランニングなどは、がんばりすぎて身体を壊す人が多いので気をつけてください。運動はたとえ30点でも、ゼロよりはずっといい。だからまずは、軽い運動を短い時間やってみましょう。週一回を三か月続けられたら、次は週二回に増やします。ステップアップのポイントは、時間を伸ばしたり負荷を増やすのではなく、頻度と質を上げることです。

自分自身が、いちばん自分の身体とつき合っている時間が長く、よくわかっています。だから、この先のためにもぜひセルフケアを身につけてほしいです。ストレッチや軽い運動を通じて、身体からのサインに耳を傾けると、違和感にも気づけるようになります。

30代後半以降は、これまでできていたことが同じようにできなくなったり、やってもすぐに効果が出ないなど、自分の身体に葛藤する時期です。軽い運動は、自分をいたわるための習慣。私たちはどうしても結果だけを見てしまいがちですが、運動によって気持ち良さを感じたり、プロセスを楽しむことも知ってもらいたいです。

軽く息が切れるくらいの速さのウォーキングは、外出の行きと帰りにやっています。ストレッチは、お風呂から上がってまだ身体が温まっているときが、しなやかに伸びて気持ちいい。たしかに眠りも深くなったように感じています。

おすすめ1

朝におすすめのストレッチ

首の後ろにある僧帽筋を伸ばすストレッチです。
脳の働きが活性化します。肩こりにも有効なので
PC作業が多い人は特に取り入れてみてください。

Step 1 セット

あぐらで座り、右手は体の横につく。左手を後頭部にあて、顔を右斜め上に向ける。

Step 2 伸ばす

左手で頭を斜め前に押すように倒し、首の右うしろ側を伸ばす。息を吐ききったら体勢を戻し、反対側も同様に行う。

おすすめ2

夜におすすめのストレッチ

デスクワークで疲れている背筋の脊柱起立筋を伸ばします。
この筋肉は神経とも関わり、すこやかな眠りを助けてくれます。

吸う

Step 1 セット

あぐらで座り、頭の後ろで両手を組む。顔を斜め上に向け、上体を軽く反らせる。胸を突き出すようなイメージで。

吐く

Step 2 伸ばす

おへそを覗き込むようにして上体を丸めながら後ろに倒し、背中を伸ばす。息を吐ききったら体勢を戻し、呼吸を整える。

おすすめ3

気分がすぐれないときのストレッチ

呼吸を一番左右するとも言える、横隔膜の部分。
ここを伸ばすことで、深い呼吸やリラックスにつながります。

吸う

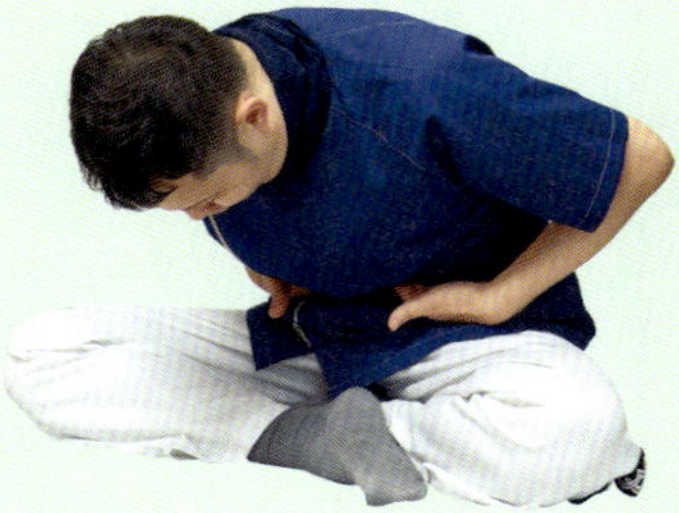

Step 1 セット

あぐらで座り、両手小指をろっ骨際のすぐ下の部分に押し込みながら、上体を丸める。

吐く

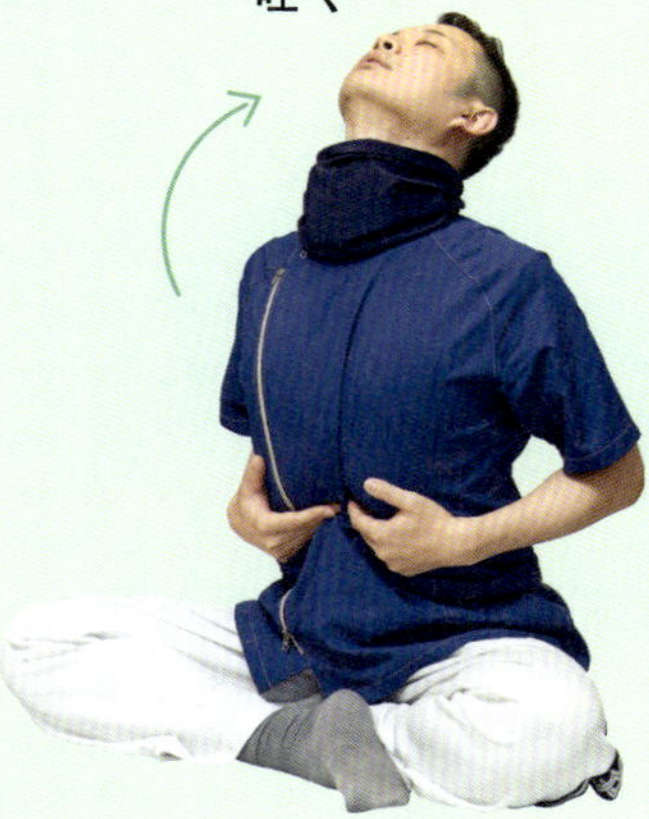

Step 2 伸ばす

両手小指をろっ骨部分に押し込んだまま、上体を起こす。顔を上に向けて、みぞおち部分を伸ばす。息を吐ききったら、体勢を戻し、呼吸を整える。

Vol.4 R・Nさん／会社員

お付き合いのある出版関係の女性。子育てと仕事に奮闘している働くママです。忙しい中で時間を見つけて、スカイプ英会話などの語学学習を続けています。仕事と育児、生活全般について伺いました。

この人に聞きたい！

① 出産前と後で変わったことは？
「自分の時間」をつくるのが難しくなったこと。タイムオーバーが基本の中で、完璧は無理と手放しながら、その中で最善を尽くす形に変わったことです。休日の作業で巻き返す、残業で間に合わせるということが以前より難しくなったことで、仕事の進捗や配分にはより意識的になりました。仕事にめいいっぱい傾倒できないもどかしさがありますが、早い時間に退社し、早い時間に夕ごはんを食べていると期間限定の贅沢さも感じます。

② 時間の使い方はどう変わりましたか？
平日・休日問わず、子どもの発育に応じて然るべき時間に起き、然るべき時間に寝る……というスタイルになりました。

③ ごはんづくりはどうしていますか？
鍋、焼く、蒸す、煮るといった本当にシンプルな調理法の料理（と呼んでいいのか……）しか作っていません。力尽き、何か買ってきてもらうこともあります。子育てあるあるかもしれませんが、手をかけた複雑なものよりも、素材そのままみたいなものを好むところがあるので、夏であれば枝豆やとうもろこしなどはできるだけ買い置くようにします。海苔も必ず常備しています。

④ 休日はどんな過ごし方をしていますか？
土曜はお出かけ、日曜は家のまわりでゆっくり過ごします。病院に行ったり、保育園のお友だちと遊ぶこともあります。子どもがいることで、地域のお祭りに参加したり、施設を利用することがすごく増えました。

⑤ 家事と育児のバランスは？
育児を優先しているため、家事は毎日積み残しがあるまま日々を送っています。積み残しによるモヤモヤが嫌という感覚は当然あるのですが、来てと言われて行く、抱っこしてと言われて抱っこすることをしばらくは優先したいなと思います。

⑥ 子育てを助けてくれるものは何ですか？
ママ友とのゆるやかな交流。上司や仕事関係の方からの労いと励まし。コーヒーと甘いもの。趣味。子どものきらきら感。

⑦ お金の使い方で意識していることはありますか？
固定費をあまり増やさないこと、身の丈に応じた買い物をすることを意識しています。

⑧ 育児で収支のバランスは変わりましたか？
シーズンごとに服の買い替えやイベント費などがかかるようにはなりましたが、一方で出歩いて遊ぶこともほぼなくなったので意外とそこで相殺されている気がします。

⑨ お金をかけている部分と削っている部分は何ですか？
心の栄養である音楽、本、イベントなどにはお金をかけてよしとしています。一方、夜はほぼ自炊のため、自然と外食費は削られています。

⑩ 年齢とメイク、ファッションで意識していることはありますか？
動きやすさ、子どもとの遊びに付き合える格好を重視していた時期が落ち着き、「機能的な服」からもう一度「好きな服」が着られればよいなと思っています。メイクは、子どもが顔を触ることもあるため、ノンケミカルのものを基本にしています。

⑪ 最近始めたことはありますか？
久しぶりのソファのある生活（赤ちゃんの頃は危なっかしくて一旦処分しましたが、大丈夫そうになってきたので奥行きがあり座面の低い安心できるものを選びました）。コミックのKindleでの購入。ラジオ録音ツールの導入。ワイヤレスイヤフォン。

⑫ 暮らしの中でどんな時間を大切にしていますか？
今は息抜きの時間です。毎日の生活の中で印象的だったことを書き留める、お茶をしながら手帳を見て計画をたてる、友人と交流する、好きな音楽や本に浸るなどの時間です。

⑬ いまの年齢ならではの悩みはありますか？
時間の融通を言い訳に、やろうとしていること、やりたいことを保留にしがちなこと。一方でだらだらとスマホを見たりしている時間もあるので、もっと時間上手になりたいです。

⑭ 仕事をする上で大切にしていることは何ですか？
仕事相手の方に敬意をもって接すること。消費者としての素朴な目線を忘れないこと。

⑮ これからの夢を教えてください。
子どもの成長。一緒にいろんなところへ行くこと。家族やまわりの人たちの健康。少しずつでも成長して喜ばれる仕事をすること。

Part 5

明日に夢を持つ

自分らしく、生きていける。それだけで、十分恵まれていると思っています。社会や経済がどうなろうとも、私たちが暮らしを営んでいくことに変わりはありません。夢を持ち、あなたらしさを探していきましょう。

数年後の自分をイメージする

これまでは自由度を重視していて、目の前のことだけに集中していました。ですから、数年後の自分がどこで何をしているか、あえて考えなかった。でも、過去と現在と未来はつながっています。そろそろ、顔を上げて、先を見すえて歩いていこう。たとえ計画通りにいかなくても、見通しを立てることは大事だと思うようになりました。

だから、これから先の自分の姿をイメージしてみます。大まかにキーワードだけでも、逆に細かくてもいい。こういうときは頭の中だけで考えずに、紙に書き出すと、気づいていなかった意外な思いが次から次へと出てくるでしょう。まずは、3年後か5年後くらいを想像して。何歳になって、誰とどこにいて、何をしているでしょうか。ファッションは？　まわりの人たちとの関係性は？　お金のことは？　目的地さえ決まれば、そこに至る道筋と数年間のすごし方も、きっと見えてきます。

もちろん、自分の意志だけですべてを決められるわけではありませんが、「どういう自分でいたいか」を考えるのは、決して無駄ではないはずです。

Point

形から入ってもいい》　ダイヤモンドのネックレスが似合う人になりたい。真っ赤な口紅だけを彩りにしたい。そのように、形から入るのもいい方法です。私はシャネルのフェイクパールロングネックレスが似合うおばあさまに憧れています。なので、今からせっせと貯金しなくちゃですね。

一流品の力を借りる

ジュエリーや時計は、私らしさを
育み、導いてくれるアイテム。ふ
さわしくなりたいという気持ちが、
成長を後押ししてくれます。

仕事をずっと続けたい

働き者ではないはずなのに、ますます仕事に面白さを感じていて、今はできればずっと続けたいと願っています。私にとって仕事は社会との接点であり、役立ててもらえる場でもある。時代や年齢の波に揉まれて変容していく暮らしを、一生かけて書ききりたいという思いがあります。

道なき道を手探りで進むフリーランスの身ですが、幸い著書が文庫化するという夢は、近々叶いそう。紙媒体を手がけつつ、引き続き商品開発やバイヤーもやりたいし、ウェブやアプリで読み物もつくりたい。企業とのお仕事にもますますやりがいを感じます。今まではおこがましくて口にできませんでしたが、待っているだけでは叶わないので素直に言うことにしました。

何歳まで働いて、どのくらいの収入を得たいですか。仕事とプライベートのバランスは？　そこが明確になると、そのために今何をしたらいいか、逆算して考えることができます。一旦立ち止まって、見つめ直すのも大切です。

考えるためのヒント

- 仕事時間の長さは？
- 休みはどれくらい欲しい？
- 同僚との関係は？
- 変わらず続けていたいことは？
- 実現してみたい仕事は？
- 取り入れたい働き方は？
- 克服したい領域は？
- 仕事のために学びたいことは？

心が満ちるもの

何か一つでいい。いきがいを持てたら。

私がいちばんチャージできるのは、旅。旅をしていると感性が全開になって、エネルギーが満ちていくのがわかる。そして、どの土地でもひたむきに暮らしが営まれているのを見るたびに感動します。旅があるから、生活にもメリハリがついて、背筋が伸びる。健やかに日常生活を送るためにも、もちろん仕事のためにも、年1～2か月は旅という生活を続けたいです。

もちろん大きなことばかりではなくて、最高に書きやすいノートを見つけたとか、引き出しにシンデレラフィットする箱に出合えた、近所のノラ猫と目が合ったなど、ささいなことの中に喜びを見つけては、ひとり悦に入っています。

特に、好きなものが一杯詰まった、書店と文具店を徘徊するのは至福の時間。いつも何時間もウロウロしてしまいます。そして、その後にひと休みがてら、近くの喫茶店で袋を開ける瞬間も、たまらなく幸せなひとときです。

考えるためのヒント

- 疲れていても、やりたいことは？
- 長い休みがとれたら行きたいことは？
- どんなときにやりがいを感じる？
- ずっと続けたい趣味は？
- 最近興味のあることは？
- 行ってみたい場所は？
- 幸せを感じる時間は？
- 最近嬉しかったことは？

大事な身体と健康のこと

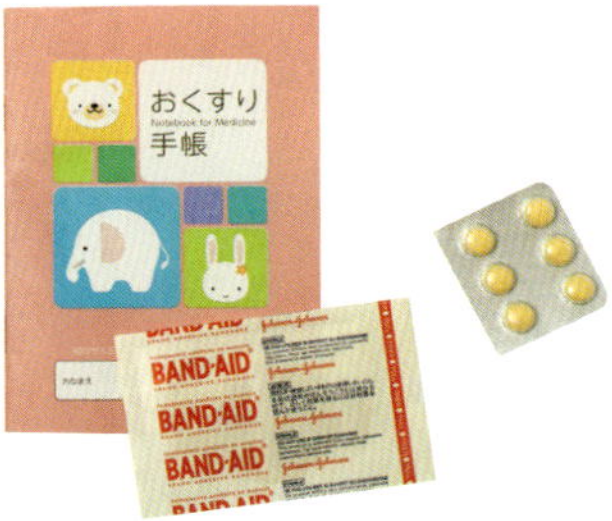

健康年齢をできるだけ延ばしたいと思っています。そのため、人間ドックや病院の受診、メンテナンス等は、引き続きこまめにしていきます。また、信頼できる総合病院と歯科、レディースクリニックを見つけることも大切よと、生き生きしている年上の方からアドバイスをいただきました。

今後は、更年期などのゆらぎの時期が待っているようですが、「症状が重い人は10人に1人くらいなので、怖がりすぎなくていい」と聞きました。今から体力をつけたり、発散できる趣味を見つけたりして、さりげなく受け流しながらつき合っていきたいものです。

そして、身体面と同じくらい、心もさびつかないよう気にかけていきたい。こういうことは、もちろん前もっての対策も不可欠ですが、いざ直面しないとわからない気もします。だから、いざというときに寄り添ってくれる友人たちのことも大切にしなくちゃいけませんね。

考えるためのヒント

- 健康のためにしていることは？
- 栄養面で気をつけていることは？
- 体調が悪いと感じたらどうしてる？
- 落ち込んだらどうしてる？
- 最近よく眠れている？
- 疲れを感じたらすることは？
- マッサージなどには行っている？
- 健康診断は受けている？

これからの住まい

30歳以降、友人知人が毎年数人ずつ、日本各地や世界各国へと拠点を移しています。ここ半年で6人が、秋田、山梨、金沢、メキシコへと引っ越しました。これまでいた場所で仕事を続けていく二拠点生活の人もいれば、移り住んだ先に完全に根を下ろそうとしている人もいて、それぞれです。

そういう人たちを見ていると、いくらでも選択肢があるのだなと感じます。私もいつか、短い期間でいいから海外で暮らしてみたい。永住ではなく、数年と期間を区切ったり、二拠点生活にするなど、自由度を残しておくのが私には合っていそうです。

とはいえ、どこに住んだとしても、家や暮らしをいつくしむことに変わりはありません。家を建てる機会に恵まれて、自分たちの暮らしやすさを反映した家ができたので、まずはここでの生活を大切にしたい。あとは、心身ともに身軽でいるために、持ち物を増やしすぎないように気をつけます。

考えるためのヒント

- 今の家にずっと住もうと思う？
- 一度は住んでみたい場所は？
- どんな間取りが理想？
- オーダーメイドで家がつくれるなら？
- 模様替えしたい場所は？
- プチリフォームするならどの部分？
- どんなインテリアが好き？
- 家具か家電を新調するとしたら何？

大人ならではのファッション

刻一刻と体型などは変化していますが、それでも変わらず、ファッションが好きです。今後も、流行を面白がりつつ（必ずしも乗らなくてもいい）、自分にとって心地よい着こなしをしたいです。

この先どういう装いをしていくかは、素敵な年上の女性をたくさん見て、イメージを膨らませたり、お手本にします。身近に参考になる人がいるならば、どのような店で服を選んでいるのかを聞いてもいいですね。

素材面では、これまでは風合いがあって乾きやすいリネンが好きでしたが、安価な製品は残念ながら似合わなくなりました。そのため、質のいいリネンと、コットンやシルクなどに移行中です。

着心地が良い。さりげなく気になるところをカバーしてくれる。動きやすい。清潔感がある。軽い。温度調節がしやすい。今後しばらくは、このような点に着目して選んでいくでしょう。

考えるためのヒント

- 最近、どんな服が好き？
- 5年後、どんなファッションがいい？
- 大人だからこそ欲しいアイテムは？
- 興味が出てきたブランドは？
- よく「似合う」と言われるアイテムは？
- 今だからこそ挑戦したいスタイルは？
- 好きな素材、柄は？
- 今、欲しいジュエリーはある？

年齢に応じた美容のかたち

どう逆立ちしても、40代は20代にはなれないし、なる必要もありません。そもそも美容は心を潤すものなのに、年齢を重ねるとどうしてもネガティブな要素が入ってくるのは、ちょっと勿体ない。ありのままの姿をまず受け入れて、そこからどうするかを考えていく。若さに執着しすぎずに、自分らしさを見つけていきたいものです。

いつもバタバタしているので、「手間はかからないけど、ちょっとキレイ」が理想です。メイクは薄いままで、できれば何歳になっても肌と髪にツヤがある人でいたい。あとはこの先毎日ラクするために、腕と足の永久脱毛をしたいと考えています。

ずっと面倒だと感じていることは、年を重ねるほどにますます億劫になるだろうから、それをひとつずつ減らしていく。このようなスペシャルケアは年間で予算の上限を決めて、常識的な範囲でやっていくつもりです。

考えるためのヒント

- スキンケアアイテム、最近変えた？
- メイクで気をつけたいことは？
- ヘアスタイルを新しくするなら？
- 憧れの女性のメイクはどんな感じ？
- 髪のケアは何をしてる？
- ネイルを塗るなら何色がいい？
- 気になっているコスメはある？
- 大人ならではの、ポリシーは？

貴重な時間をどう使うか

次の日でも間に合うことは、今日やらない。ここぞというところさえ押さえていれば、あとは何をしていてもいい。怠け者に聞こえるかもしれませんが、人生は長距離走ですから、このくらいでいいのではないでしょうか。

私はよく、人から「時間の使い方が上手ですね」とか、「効率がいいですね」と言われます。でも、実のところそんなにきちんとはしていなくて、帳尻を合わせるのと、メリハリをつけるのがちょっと得意なだけです。

常に締切のある仕事なので、時間に追われずにすむように優先順位を考えるクセがついているのと、どれだけ時間をかけるかにもかなりシビアです。いわゆるコスト感覚ですね。この考え方は、家事などにも役立てることができます。

せっかちなので、時々ギアを踏みすぎてしまうこともありますが、毎日淡々とできる人が最強だと感じているので、今後は「ペースを守る」を最優先するつもりです。

考えるためのヒント

- 時間が足りないと感じる？
- 時短するようになったことは？
- 早く起きられた朝は何をする？
- 1日の自分時間はどれくらい？
- 1か月休みがとれたらどうする？
- すきま時間に何をしている？
- 時間をかけてやりたいことは？
- いつも何時くらいに寝ている？

考えておきたいお金のこと

健康で働き続けることが、最大の防御。家計だけでなく、日々の張り合いのためにも、少なくてもいいから自分で働いて収入を得て、自由になるお金を持っていたいです。

そして夫がリタイアするまでに、数十年かけて毎月の生活費を少しずつ減らせたら。まわりの友人たちも、「収入が上がるにつれて、年々物を買うときの判断が緩くなっている気がする。たまに失敗しても、まぁいいかと思ったりして。もっと慎重に買わないと」と言っていて、たしかにそうだと私も反省しました。もう生活必需品は一通り持っているので、「買う、手に入れる」際の判断基準は、より厳しくしなければいけませんね。

年下の人たちは、お金をとても大切にしていて、よほどでないとモノを増やしません。そのような姿を目にするたびに、慎重な彼女たちがとてもスマートに見えて、見習わなくちゃと思っています。

考えるためのヒント

- 何にお金をかけている？
- 節約しているジャンルは？
- 買い物するときのルールは？
- 最近の大きい買い物と満足度は？
- 月にどれくらいは貯金したい？
- 固定費がいくらか把握している？
- ボーナスの使い道は？
- 長期的に考えていることはある？

おわりに

最後まで読んでくださってありがとうございます。

35冊目の著書となるこの本を書きながら、このところ自分として生きることが、なんだかぐんとラクになったなと感じていました。

それは、自分への幻想や過剰な期待が消えて、長所も短所もある、等身大の姿を受け入れることができるようになったからだと思います。欠点とも向き合えたおかげで、ここまで来たらありのままでいるしかないと、いい意味で開き直れました。

「ま、いいか」は魔法の言葉です。

自分で自分を追い詰めそうなときや、人との関わり合いに悩んだとき。私は優しく受けとめるようにこの言葉を口にしています。だって、山あり谷ありの人生を生きているだけで、大仕事なのですから。

どうせ歩かねばならない道ならば、迷ったり転んだりしながらも楽しく行きましょう。

笑い合って、小さな幸福を拾いながら。

柳沢　小実

柳沢小実（やなぎさわ・このみ）

エッセイスト。1975年東京都生まれ。日本大学芸術学部写真学科卒業。新聞、雑誌、WEBなどで暮らしの工夫を提案しながら、フェリシモでは商品開発も手がける。台湾好きが高じて、ガイドブックの執筆も行うなど、多岐にわたり活躍している。暮らしにまつわる著書は30冊を超え、近刊に『40歳からの暮らし替え』（大和書房）、『ラクして整う住まい考』（KADOKAWA）がある。

オフィシャルサイト
https://www.furarifurari.com/

インスタグラム
@tokyo_taipei

今《いま》を満《み》たして、明日《あした》に備《そな》える工夫《くふう》

これからの暮《く》らし計画《けいかく》

2019年7月31日　第1刷発行

著者　柳沢《やなぎさわ》小実《このみ》
発行者　佐藤靖
発行所　大和《だいわ》書房
東京都文京区関口1-33-4
電話03-3203-4511

デザイン　吉村亮、大橋千恵（yoshi-des）
写真　西希、著者
校正　円水社
印刷　歩プロセス
製本　ナショナル製本

ISBN978-4-479-78476-0

http://www.daiwashobo.co.jp/